나는
인스타마켓으로
월급보다
많이 번다

SNS 왕초보도 돈 버는 인스타그램 공동구매

나는 인스타마켓으로 월급보다 많이 번다

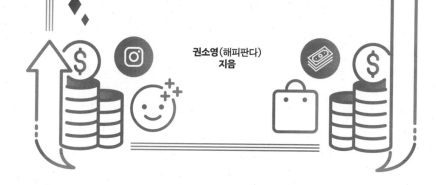

권소영(해피판다)
지음

경이로움

인스타그램도 모르던 SNS 왕초보,
인스타마켓 전문가가 되다

첫째를 낳아 육아맘이 되고, 1년도 지나지 않아 '경단녀(경력 단절 여성)'가 되었다. 복직을 위해 아이를 어린이집에 입소시켰지만, 이 일은 나와 아이에게 굉장히 불행한 일이었다. 그때부터 우리 아이는 구내염을 앓고, 장 중첩으로 인한 수술을 했다. 육아휴직 복직 당일, 첫째 아이는 급기야 폐렴 판정까지 받았다. 결국 내 욕심을 위해 아이를 힘들게 하는 것 같아 자의 반 타의 반 경단녀가 되었다.

아이를 낳기 전만 해도 나는 잘나가던 커리어 우먼이었다. 일을 하고 싶은 마음이 간절했다. 아이의 건강이 괜찮아지고 나서 재취업을 위해 서류를 넣었다. 하지만 10개의 회사에 자소서를 넣으면 한 번 연락이 올까 말까 한 정도였다. 힘들게 면접 제의를 받아 간 곳에서 내가 받은 질문은 자존감을 떨어뜨리기 일쑤였다. 여성들의 재취업이 쉬워졌다고 하는데 내게는 너무 어려운 일이었다.

첫째가 4살 때, 둘째를 임신했다. 이제는 취업 대신 집에서 육아하며 돈을 벌 수 있는 일을 찾아보기 시작했다. 부업도 해보려고 했고, 심지어 돈을 주며 배우는 마케팅 부업도 알아보았다.

그러던 어느 날 다름없이 맘카페에서 활동하고 있던 중, '체험단 스태프 모집' 공고가 올라왔다. 내용은 맘카페에 체험단 진행 업체를 소싱하는 스태프를 모집한다는 것이었다. 이건 반드시 해야 한다는 강한 외침이 마음속에서 들려왔다. 나는 경단녀 이전, 업체를 소싱하고 셀러들의 매출을 관리해 프로모션을 기획하는 오픈마켓 MD였기 때문이다. 'MD 경력을 살려 일을 다시 할 수 있을까?'라는 생각을 자주 했었다. 육아맘이 되고 아무짝에도 쓸모없는 과거 커리어를 원망했었다. 그런데 이렇게 내 경력을 써먹을 일이 있다니 정말 기뻤다. 그 후 체험단 스태프로 발탁되어 여러 업체들을 소싱했다.

그러다 한 업체의 전체 매출 중 공동구매 매출이 90% 이상을 차지한다는 사실을 알게 되었다. 호기심이 발동해 공동구매에 대해 알아봤다. 공동구매는 대부분 육아맘이 하고 있었다. 나는 육아를 하면서도 과거 경력을 토대로 제대로 실력 발휘할 수 있는 일이 공동구매라고 확신했다. 하지만 나는 블로그도 모르는 SNS 왕초보였다. 인스타그램이 뭔지도 몰랐다. 그래서 인스타그램을 배우기 시작했다.

인스타마켓은 인스타그램 내 본인의 계정에서 상품을 판매하는 것을 말한다. 많은 부업이 있지만 시간과 투자 대비 효율성이 높은 것이 인스타마켓이다. 또한 초기 비용 없이 수익을 얻을 수 있다는 장점도 있다. 특히나 경력 단절 육아맘이 집에서 아이를 돌보며 마음 편하게 돈 벌 수 있는 점이 가장 매력적이다. 인스타마켓은 판매 수익뿐만 아니라 원고비, 홍보비용까지 여러 수익 파이프라인이 생기며, 판매 상품의 전문가이자 인플루언서로 불리게 되니 바닥을 치는 자존감을 회복할 수 있다고도 생각했다.

나는 이랜드 패션 상품 기획 인턴부터 시작해 대리점주와 매출을 관리하는 영업부서에서 일했다. 그 후 글로벌 온라인 오픈마켓 큐텐(Qoo10) 싱가포르에서 여성 패션 카테고리 매니저를 맡으며 셀러를 소싱하고 매출 관리를 했다. 온·오프라인에서의 유통 MD 경력을 근간으로 나의 인스타마켓은 빠르게 성장했다.

인스타그램을 시작한 지 한 달 반 만에 3번의 공동구매를 진행했고 이때 300만 원의 매출, 70만 원 정도의 순수익이 발생했다. 그다음 달은 정말 쉴 틈 없이 모든 일정을 꽉꽉 채워 9번의 공동구매를 진행했다. 그때 매출 750만 원, 순수익 150만 원을 달성했다.

육아맘이 되고 경단녀가 되어 심한 산후우울증에 자살 충동까지 느꼈던 나는 결코 다시는 돈을 벌 수 없을 것이라 생각했다. 하지만 인스타마켓으로 한 달 최고 순수익(매출이 아니다)을 450만 원까지 달성했다.

현재는 인스타그램 공동구매 교육 멘토로서 자리 잡고 있다. 수강생들이 남긴 후기 내용 중에 '판다님이 옆에 계셔 공동구매를 혼자 할 수 있게 되었어요' '평소에 궁금하던 내용을 시원하게 말씀해주시고, 언제나 싫은 내색 없이 목이 터져라 열정적으로 답변해주셔서 진짜 감동받았어요' 등의 좋은 후기가 많다.

이 책에는 인스타그램 왕초보가 이렇게 인스타마켓 전문가가 될 때까지의 과정을 담았다. 인스타마켓이 성공할 수밖에 없는 기본 요건을 알아보고, 온라인 마켓과 비교하며 인스타마켓의 완벽한 이해를 도울 것이다. 실제 공동구매 진행하는 과정, 기획 방법, 상품 소싱하는 방법과 업체와 협의해야 하는 조건 등을 세세하게 알려주고, 멘탈이 흔들릴 때 마음을 다잡는 마인드셋에 대한 내용까지 다루었다. 이 책을 보며 셀러와 소상공인 모두 혼자서 공동구매를 진행할 수 있게끔 하는 것을 목표로 했다.

나를 믿고 해피판다 공동구매 교육을 수강해주신 350여 명의 수강생 분들께 감사의 말씀을 드린다. 인스타그램에서 '나'라는 사람의 정체성을 가질 수 있게 아낌없이 조언해준 은아 언니, 업체 입장에서 여러 조언을 아끼지 않았던 채민지 부장님, 공동구매 세계를 알게 해준 권기선 사장님, 다시 일할 수 있게 기회를 주신 네이버 맘카페 이동수 운영자님께 감사드린다. 경단녀, 육아맘이 아닌 워킹맘으로 일할 수 있게 도와준 우리 가족에게도 사랑한다는 말을 전하고 싶다.

인스타마켓은 나와는 상관없는 이야기가 아니다. 꼭 진행해야 하고 해볼 만한 인스타마켓. 당신도 나처럼 할 수 있다.

권소영(해피판다)

차 례

1장

인스타마켓 성공의 비밀,
꾸·소·콘

2장

단기간에 성과 내는
인스타마켓 판매 비법

3장

MD 출신이 전하는
소싱 노하우

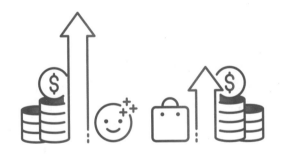

4장
인스타마켓 초보자가
자주 하는 질문

5장
인스타마켓을 활용하려는
소상공인을 위한 팁

인스타마켓 성공의 비밀, 꾸·소·콘

성공적인 인스타마켓이 되려면 어떻게 해야 할까? 꾸준함, 소통, 콘텐츠, 일명 '꾸·소·콘'이 뒷받침되어야 한다. "인스타마켓, 그냥 하면 되는 것 아닌가요?"라고 물을 수 있다. 물론 그냥 할 수도 있지만 3가지 요소가 뒷받침되어 있다면 1개 팔릴 것이 10개, 100개가 팔릴 것이라고 장담한다.

"그럼 3가지 요소 중 하나만 하면 되는 건가요?"라는 질문에 단호하게 "아니요."라고 답변하고 싶다. 적어도 2가지 요소는 결합되어야 시너지가 생긴다. 이제 하나씩 풀어내도록 하겠다.

한결같은 꾸준함으로
인스타마켓 잭팟 터뜨리기

인플루언서나 공동구매를 검색하면 다음과 같은 기사를 보게 된다.

인스타 팔로워 10만 명을 보유한 ⋯ (중략) ⋯ 이들은 식품, 소품, 침구 등 다양한 공구를 진행해왔다. 생리대, 유산균 등은 공구 3일 만에 1억 원의 판매고를 올리면서 화제를 모았다. (매경이코노미 2022. 03. 14.)

누군가는 이 기사를 보고 '1억 원'이라는 숫자에만 관심을 가질지 모른다. 저 사람이 10만 팔로워가 되기까지 얼마나 꾸준히 많은 노력을 했는지, 매출 1억 원을 위해 얼마나 꾸준히 공동구매를 진행했는지 생각도 하지 못한 채 말이다. 단순히 '와, 공동구매 진행하면 1억 원은 기본으로 버는구나. 나도 한번 해볼까?'라는 생각으로 공동구매를 진행하는 분도 많을 것이라 생각한다. 나 또한 그런 오류를 범했으니 충분히 이해가 간다.

공동구매만으로 1억 원의 매출이라니 하루아침에 이뤄진 것일까? 일단 10만 명의 팔로워를 보유하기 위해서 최소 1년 이상은 꾸준하게 인스타그램과 공동구매를 진행했을 것이라 예상한다. 1억 원의 매출을 내기까지 공동구매를 단 한 번만 하지 않았다는 사실을 꼭 기억했으면 좋겠다.

지금부터 이러한 꾸준함으로 '공구여신'의 칭호를 받고 잭팟을 터뜨린 나의 수강생 사례를 들어보겠다.

꾸준함을 장착해 최고 수익을 달성하다

"이번 공동구매로 매출 350만 원을 달성하셨네요. 어머나, 수익도 90만 원! 진짜 축하드려요."

나의 공동구매 수업을 들었던 A님께 6번째 곰탕 판매 수익을 정산하며 했던 말이다. 이분은 2021년 5월부터 나의 공동구매 수업을 들었고, 일주일에 한 번, 한 달에 3~4번씩 꾸준하게 공동구매를 진행했다. 특히 곰탕을 메인으로 한두 달에 한 번씩 주기적으로 진행했다. 그리고 6번째 곰탕 공동구매로 이와 같은 실적을 달성했다.

공동구매 교육을 하다 보면 처음부터 '100만 원은 벌겠지'라고 막연히 기대하는 사람이 많다. 하지만 공동구매를 만만하게 봐서는 안 된다. 인스타마켓처럼 온라인에서 마켓을 꾸리는 것은 오프라인에서 나만의 마트를 세우는 것과 같다. 그만큼 내 상점에 오게끔 홍보해야 하고, 좋은 상품을 소싱해서 판매하려는 노력이 필요하다. 이벤트성으로 한 번만 공동구매를 진행한다면 인친(인스타그램 친구)들이 봤을 때 이 계정을 마켓이라고 생각하지 않는다. 어쩌다 한 번만 한 수준으로 끝나는 것이다. 한 번 공동구매를 경험해 보고 이곳은 자기와 상관없는 곳이라고 단정 지을 수도 있다.

A님에게 350만 원의 매출을 달성하게 도와준 꾸준함은 주기적으로 공동구매를 진행했다는 것을 의미한다. 여러분도 상품을 주기적으로 판매한다면 점점 판매량이 느는 것을 볼 수 있을 것이다. 물론 중간에 슬럼프가 올 수도 있다. 이 슬럼프 구간이 얼마나 오래갈지는 모른다. 하지만 분명 그동안에도 판매량은 오르락내리락할 것이다.

처음 공동구매 상품을 구매했던 사람이 만족하면 계속 공동구매 상품을 구매한다. 좋은 상품을 소개해줬고 만족했기에 그 인스타마켓이 잘되길 바라는 마음으로 단골이 되길 자처한다. 그리고

● 주기적으로 공동구매 진행 시 매출 추이

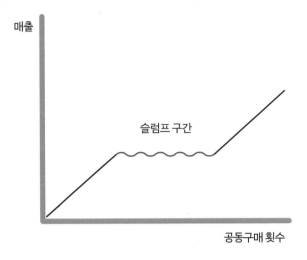

항상 "구매 완료, 벌써 ○번째예요!"라고 댓글을 작성한다. 그러면 다른 인친들은 '뭐가 좋기에 이렇게 자주 사는 거지?'라고 생각하며 구매를 하기 시작한다. 이렇게 단골에 새로운 고객이 추가되어 매출이 상승하게 된다.

처음에 기대한 것만큼 매출이 나오지 않아 '나는 공동구매와 맞지 않나 봐' 하는 생각과 함께 단 한 번만 해보고 그만두는 사람이 많다. 목표치를 굉장히 높게 잡았기 때문에 본인 스스로 실망한 경우가 대부분이다. 한 번의 공동구매 결과로 쉽게 포기하지 말라고 조언하고 싶다. 첫 공동구매에서 매출이 안 나왔다면 왜 그랬는지 피드백해보고, 다시 목표를 잡아 두 번째 공동구매를 시작하자. 스스로 잘못된 것을 인정하고 바로 고치는 메타인지는 나를 위해서 꼭 필요하다. 피드백을 통해 고쳐나가는 과정을 반복하면서 꾸준하게 공동구매를 진행한다면 분명 매출이 성장하는 그래프가 보일 것이다.

A님은 그 전부터 인친들에게 '공구여신'이라는 칭호로 불리고 있었지만, 이때부터 진짜 공구여신이라고 인정받았다고 본다. 인스타마켓은 꾸준함이라는 노력을 알아준다. 그리고 이렇게 잭팟을 터뜨리게 한다. A님의 더더욱 높은 매출과 순수익이 기다리고 있다는 것을 감히 예측해본다.

꾸준히 하면 샘플과 원고비도 받는다

공동구매를 꾸준히 진행하면 매출 증대뿐만 아니라 업체의 제안도 달라진다. 처음 경험해보려고 하는 사람들은 대부분 공통적으로 "샘플은 유료로 사야 하는 거예요?"라고 질문한다. 처음 공동구매 제안을 받을 때는 유료로 샘플을 사서 진행하는 경우가 많기 때문이다. 돈 벌고 싶어서 공동구매를 진행했는데 샘플을 사느라 거덜나게 생겼다고 호소하는 사람도 있었다. 공동구매를 하면 0원부터 시작해서 돈 벌 수 있다고 한다. 그렇게 말하는 사람들 속에 나도 속해 있다. 하지만 유통에 대해 잘 모르고, 아는 업체도 없다면 샘플 구매에 투자해보자. 이를 통해 부메랑처럼 돌아올 효과가 더 크다. 처음에는 1만 원대 상품으로 인친들이 쉽게 구매할 수 있는, 내가 샘플을 구매해도 타격이 없는 것부터 하는 것을 추천한다. 그러나 샘플을 유상으로 샀다고 콘텐츠를 허투루 만들면 안 된다. 첫 공동구매 콘텐츠가 샘플이 유상에서 무상으로 전환되는 시발점이 될 테니까 말이다.

공동구매를 꾸준하게 하다 보면 업체에서 1만~3만 원대의 샘플을 무료로 준다는 제안을 받을 것이다. 직접 소싱할 때도 마찬가지로 무료로 샘플을 받아 진행하도록 협의해야 한다. 그러다가 공동구매를 진행하는 상품의 퀄리티가 점점 높아지면서 판매가격도 높아질 것이다. 그 이후에는 10만 원 이상의 상품을 샘플로 1개가 아닌 2개 이상 받게 된다. 그리고 원고료 수입이 더불어 생긴다. '원고료'라는 것은 공동구매를 운영하는 운영 비용과 같다고 보면 된다.

이러한 업체의 제안 과정은 내가 다 경험해본 것이다. 물론 나는 공동구매를 처음 시작했을 때부터 샘플을 사지 않았다. 소싱을 직접 했기 때문에 무료 샘플로 진행했고, 체험단을 할 때도 업체와 협의해 모두 무료로 진행했다. 내가 지금까지 공동구매를 하면서 돈을 들인 적은 단 한 번도 없기에 자신 있게 "공동구매하세요!"라고 말할 수 있는 것이다.

이런 경험이 '내 이야기는 아닐 거야'라는 생각은 절대 금물이다.

● 공동구매 단계별 샘플 비용

이것은 나만의 이야기가 아니다. '꾸준함'이라는 요소를 탑재한다
면 분명 있을 수 있는 일이다. 무조건 꾸준히 해보자.

업데이트된 알고리즘,
무서울 것 하나 없다

블로그는 대표적인 SNS이기 때문에 다들 채널을 키워보려는 노력을 해본 경험이 있을 것이다. 알고리즘에 대해 이해하기 쉽게 대표적인 SNS인 블로그로 예를 들어 설명하겠다. 만약 당신이 주기적으로 하나의 주제로 콘텐츠를 발행한다면, 네이버 알고리즘은 꾸준하게 전문적인 콘텐츠를 발행하는 이 블로그가 뜰 수 있도록 상위노출을 해줘야겠다고 판단한다. 그리고 이후 상위노출을 했을 때 사람들에게 유용한 정보를 제공하고 있는지 여러 테스트를 거친다. 이때를 활용해야 한다. 바로 이때가 알고리즘의 날개를

다는 시점이기에 더욱더 꾸준히 콘텐츠를 발행해야 한다.

요즘 안 보는 사람이 거의 없는 유튜브의 알고리즘에 대해서도 잠깐 언급하겠다. 유튜브는 주기적으로 한 가지 주제로 콘텐츠를 발행하는 계정의 영상을 사람들에게 추천해준다. 여러 콘텐츠를 꾸준히 발행할수록 추천을 많이 한다. 이렇듯 유튜브도 주기적으로 일정한 주제로 콘텐츠를 등록하다 보면 알고리즘이 반응한다. '알고리즘'이라는 뛰는 놈 위에 '꾸준함'이라는 나는 놈이 있는 것이다.

인스타그램의 알고리즘

인스타그램도 마찬가지다. 꾸준하게 게시물을 등록한다면 노출을 많이 시켜주는 방식이다. 다만 게시물 등록과 소통, 이 2가지를 모두 충족시켜야 한다(나아가 일관된 콘텐츠까지 결합되면 시너지가 일어난다). 꾸준히 활동한다면 인스타그램 알고리즘은 이렇게 인식할 것이다. '다른 곳 말고 나(인스타그램)에게 꾸준히 게시물을 올려주고 있구나. 소통도 잘 하고 있구나.' 이런 판단이 내려지면 나를 팔로우하지 않은 사람들에게까지 노출을 시켜준다. 그래서 인기 게시물에도 노출이 되고, 탐색 탭에서도 보이게 된다. 그러다 보면 소위 이야기하는 '떡상'을 하게 된다. 릴스의 경우 통상적으로 100만 회

재생이 되면 팔로워가 1천 명이 증가한다는 이야기도 있다.

인플루언서를 통해 앞에서 언급한 알고리즘을 타는 과정을 거꾸로 파악해보자. 일단 인플루언서는 팔로워가 굉장히 많다. 10만 정도의 팔로워가 생기려면 우선은 많은 사람에게 노출되어야 한다. 이는 곧 알고리즘이 반영되었다는 것이다. 노출을 올려주는 알고리즘은 여러 가지가 있지만 일정한 시간에 일관된 콘텐츠를 올린다면 AI가 인식해 알고리즘이 작동한다. 이런 데이터들이 축적되어 어떤 콘텐츠는 '떡상'하게 된다. 그러나 더욱 중요한 건 여기서 멈추면 안 된다는 것이다. 작동된 알고리즘을 유지하려면 콘텐츠를 계속 올려야 한다. 그래서 "한 달 만에 1만 팔로워가 됐어요" 하는 놀라운 일이 일어나는 것이다.

꾸준함이 알고리즘을 이긴다

2021년 12월 9일, 아담 모세리 인스타그램 CEO가 "사용자 선호도에 따라 게시물을 정렬하는 기존의 순위 알고리즘과 달리, 게시물을 시간순으로 노출하는 옵션을 추가할 계획"이라고 발표했다. 그 이후 인스타그래머들은 "인스타그램을 접어야 하나"라며 굉장한 혼란을 느꼈다. 실제로 내 주위에도 지레 겁먹고 인스타그램을 포기하는 경우를 보았다. 그러나 결과적으로는 '시간순으로 표시하는 옵션'이 생기고 나서 인스타그램에 집중하게 되는 계기가 되지 않았을까 생각한다.

지금은 인스타그램 홈 탭에서 왼쪽 상단의 'Instagram'을 누르면 '팔로잉'과 '즐겨찾기'를 선택할 수 있다. 팔로잉은 업그레이드가 되기 이전 상태로,  사용자 선호도에 따라 게시물을 정렬하는 기본값을 말한다. '즐겨찾기' 기능은 팔로워를 즐겨 찾는 계정으로 설정하면 그들의 게시물을 최신순으로 상위노출시킨다. 그렇기에 내 팔로워들이 즐겨찾기 기능을 이용해 게시물을 확인한다면 내가 게시물을 자주 올릴수록 더 많이 눈에 띌 수밖에 없다.

나 또한 내가 설정한 사람들이 우선적으로 보이니 집중해서 진짜 소통을 하게 되는 효과를 맛보았다. 즐겨찾기가 없을 때는 하루에 게시물 1개 정도만 주기적으로 올리는 것이 좋다고 생각했다. 그러나 즐겨찾기가 생기고 나서는 조금 더 자주 게시물을 올려야 계정이 성장하는 데 도움이 된다는 것을 알게 되었다.

2024년 4월 30일과 5월 1일에는 2가지 알고리즘 변경이 발표되었다. 첫 번째는 팔로워가 적은 사람들의 콘텐츠 노출이 확대될 수 있도록 노력한다는 것이다. 예전에는 콘텐츠를 올리면 팔로워

중 일부에게 먼저 보여주고 얼마나 공감을 받았는지 확인 후, 팔로우하지 않은 일부 사람들에게도 보여주는 방식이었다. 하지만 앞으로는 모든 콘텐츠를 팔로워가 아닌 사람들에게도 '즉시' 보여주는 기회가 주어지게 된다. 그리고 나서 반응이 좋으면 관련 콘텐츠에 관심 있는 사람들에게 노출이 확장될 것이다.

이 발표 내용에 따르면, 새로운 알고리즘이 이제 막 인스타그램을 시작하려는 사람들에게 도움이 될 거라고 생각한다. 인스타그램을 시작한 지 얼마 안 되었거나 팔로워가 적은 사람들도 콘텐츠를 더욱 확산시킬 수 있고 성장할 수 있는 절호의 찬스다.

두 번째는 콘텐츠를 직접 만들지 않고 다른 사람의 콘텐츠를 불법으로 등록하는 소위 '불펌' 콘텐츠를 노출시키지 않는 것이다. 이렇게 불펌한 콘텐츠는 퍼온 계정의 원래 콘텐츠로 직접 교체해서 노출시킨다. 2024년 여름부터 시행되지만 중대한 사항이니 주의해야 한다.

알고리즘이 바뀐다고 겁먹을 필요 없다. 게시물 등록과 소통을 한결같이 꾸준히 한다면 무서울 것 하나 없다. '꾸준함'은 변화하는 알고리즘에도 절대 흔들리지 않는다.

소통과 찐 소통의
차이를 아시나요?

SNS는 Social Network Service의 약자다. 즉 온라인상에서 이용자들이 인적 네트워크를 형성할 수 있게 해주는 서비스다. 인적 네트워크를 형성하려면 '소통'이 필수적이다.

인스타그램은 SNS 중 하나이며, 인스타그램의 알고리즘 또한 '소통'에 초점이 맞춰져 있다. 그러니 그냥 게시물만 올리는 것으로 '인스타그램이 알아서 노출을 하겠지'라는 착각은 금물이다. 소통을 해야 알고리즘이 반응한다.

이 소통을 통해 그냥 인친이 단골이자 팬으로 발전할 수 있다.

이것은 온라인 마켓에서의 일반 고객이 단골로 변화되는 모습과 별반 다르지 않다. 먼저 온라인 마켓의 예시를 통해 일반 고객이 단골로 변화하는 모습을 보여주겠다.

신뢰가 고객을 만든다

한 고객이 A상품을 구매하기 위해 네이버에서 검색을 했다. 여러 스토어를 방문해 A상품의 스펙을 비교하며 상품에 대한 질문을 Y스토어와 Z스토어에 올렸다. Y스토어에서는 바로 답변을 받아서 궁금증이 빠르게 해소되었다. 빠른 답변뿐 아니라 구매를 결정하는 데 필요한 여러 가지 조언을 친절하게 해줘서 상품을 바로 구매했다.

반면 Z스토어에서는 답변을 너무 늦게 달아줬고, 약간 귀찮아하는 듯한 운영자의 댓글을 보니 별로 사고 싶지 않았다. 그래서 다시는 Z스토어에서는 구매하지 않기로 마음먹었다.

Y스토어에서 A상품을 구매 후 상품에 하자가 있어 A/S 문의를 했다. 처음에 질문을 올렸을 때 답변을 바로 달아준 것처럼 이번에도 빠르게 대응했다. 주저하지 않고 사과를 먼저 하고 대처하는 모습에 고객은 '그냥 상품을 판매만 하는 것이 아니라 진정성 있게 사업하는구나'라는 생각이 들었다. 앞으로 필요한 상품이 있으면 무

● 온라인 마켓에서 단골로 변화되는 과정

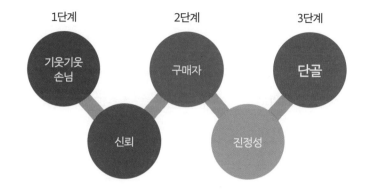

조건 Y스토어에 먼저 방문해야겠다고 생각했다. 바로 '스토어찜' 버튼을 클릭한다.

이 예시를 통해 우리는 고객이 일반 상품을 비교하는 일반 고객에서 판매자의 빠른 답변을 통해 '사야겠다'는 마음을 먹고, 그 스토어에서 상품의 구매자로 변화되는 모습을 보았다. 그리고 빠르고 정확한 CS(Customer Service)를 통해 한 번만 구매하는 구매자가 아니라 단골로 이어지는 과정까지 경험했다.

여기서 판매자는 고객에게 '신뢰'할 수 있는 서비스를 제공함으로써 구매자로 변화하게 만들었고, '진정성'을 통해 단순 구매자를 단골로 변화시켰다. 이런 유형의 판매자는 시간이 지날수록 더욱 고객층을 탄탄히 쌓아나가며 성공적으로 스토어를 운영할 수 있을 것이다.

인친이 팬이 되는 방법

인스타마켓에서 인친에게 '신뢰'를 주려면 어떻게 해야 할까? 그리고 구매자는 '진정성'을 어디서 느낄까? 나도 처음에는 단지 팔로워를 늘리고, 내 게시물에 댓글이 늘어나는 단계부터 시작했다. 소통도 꾸준히 하다 보면 인친들에게 신뢰감을 주고 나아가 내가 판매하는 상품에 대한 진정성을 보여준다. 인친에게 신뢰를 받는다는 것은 꾸준한 소통, 즉 진정성 있는 찐 소통이 기반이다. ('찐 소통'은 '진짜 소통'을 말하며 이 책에서는 진정성 있는 소통이라는 의미로 이 단어를 사용하겠다.)

그렇다면 우리는 찐 소통을 하고 있을까? 먼저 찐 소통이란 무엇인지 생각해보자. 우리 수강생들에게 찐 소통에 대해 물어보자 "인친들과 댓글을 주고받는 것"이라고 답했다. 하지만 그중에서 진정으로 '찐 소통을 하고 있다'고 생각하는 분들은 10~20% 내외밖에 되지 않았다. 댓글을 주고받는 것이 찐 소통이라면, 수치상으로 찐 소통을 한다는 분들도 100%가 되어야 정상이 아닌가? 결과가 아이러니하다. 결국 댓글로 왔다 갔다 하는 것은 단지 '소통'에 불과하다. 그러면 찐 소통은 어떻게 하는 것일까? 인스타마켓에서 일반적인 인친이 찐 소통을 하면서 팬이 되는 과정을 알려주겠다.

먼저 자신과 비슷한 관심사를 가진 인친을 찾아 소통을 하기 시작한다. 여기서 말하는 소통은 비슷한 관심사를 가진 인친들과 흔

● 인스타그램에서 팬이 되는 과정

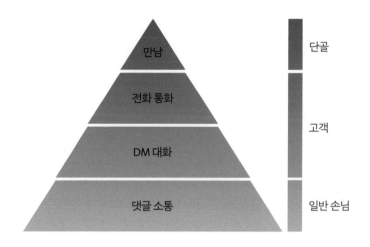

히 하는 일상적인 댓글 소통이다. 이때는 A인친, B인친 등 많은 계정과 소통하다가 잘 맞는 부분이 있고, 뭔가 통한다 싶은 인친과 깊은 대화를 이어가본다. 그러면 댓글에 대댓글, 그리고 대대댓글이 쌓여 특정한 인친과 주고받는 댓글의 수가 점점 많아진다. 이렇게 댓글 수가 많아지면 일상적인 것에서 개인적인 이야기까지 DM(Direct Message)으로 깊은 대화를 나누게 된다. DM을 하다 보면 전화를 통해 목소리를 듣게 되고, 통하는 것이 점점 많아진다. 그러다 보면 인스타그램 세상이 아닌 오프라인에서 실제로 만나게 되고 속 깊은 이야기를 하며 공감대가 형성되었을 때 비로소 그냥 '소통'이 아닌 '찐 소통'을 한다. 그리고 서로에게 마음속에서부터 전폭적인 응원을 하는 팬이 되어간다.

현실 세계에서 친한 친구의 경우를 생각해보자. 친한 친구와 어떻게 소통하는가? 카톡도 하고 전화도 한다. 말하는 주제도 겉돌지 않을뿐더러 내 사생활도 알고 있어 고민을 걱정 없이 털어낼 수 있다. 이것이 인스타그램에서의 찐 소통을 하는 소위 '찐친'이자 팬으로 볼 수 있는 관계다. 물론 댓글과 DM까지만 해도 서로에 대한 오픈 마인드가 되어 있다면 충분히 찐 소통을 한다고 생각할 수 있다. 하지만 '댓글 → DM → 전화 → 현실 만남'의 과정을 거쳐본다면 내가 언제 어디서 무엇을 하더라도 진정성 있게 응원해주는 진짜 팬이 어떤 것인지 경험해볼 수 있을 것이다.

신뢰를 얻어 단골을 만드는 과정, 그리고 찐 소통이 인스타마켓에서 얼마나 중요한지 설명했다. 그러면 이제부터는 실제로 찐 소통을 할 수 있는 자세한 방법을 설명해보도록 하겠다.

그냥 셀러에서
신뢰받는 셀럽이 되는 소통 방법

찐 소통을 하기 위해서는 소통의 정의부터 정확히 알고 넘어가야 한다. 소통은 '소통할 소(疏)'와 '통할 통(通)'의 한자로, 서로 통해 오해가 없다는 뜻이다. 그러면 서로 통해 오해가 없게 하려면 어떻게 해야 할까?

먼저 상대방이 호감을 느낄 수 있게 긍정적인 칭찬을 해주는 것이 좋다. 칭찬을 받은 만큼 되돌려주고 싶은 마음에 답방문을 100% 할 것이다. 게시물에 담긴 글과 사진이나 영상을 보고 진심 어린 댓글을 달아주면 된다.

#오늘아님주의 #아픔

오늘은 하루 종일
몸살 때문에
계속 오한에 시달렸어요
너무 힘드네요ㅠㅠ

누워서 사진첩을 보니
이런 행복한 모습이
어쩜 이리 예뻐 보이는지

내일이면 이렇게 다시 웃을 수 있겠죠?

　　이 사진과 글을 게시물이라 생각하고 먼저 사진을 보자. 웃고 있
는 얼굴이 왠지 기분이 좋아 보인다. 하지만 글을 보면 첫 줄의 해
시태그가 '아픔'이고, 쭉 읽어보면 오늘은 너무 아파서 내일이면 아
프지 않고 웃고 싶다는 내용이 담겨 있다. 사진과 글이 보통 일맥
상통한다고 생각해서 사진만 보고 대충 소통하는 사람은 아마 이
런 댓글을 쓸 것이다. "행복한 일 있으셨나 봐요." "오늘 즐거우셨
나 봐요." 이런 류의 댓글 말이다. 하지만 글을 읽으면서 찐 소통을
하는 사람은 "사진으로 봤을 때 정말 행복해 보였는데 오늘 아프시

군요. 빨리 나으세요." 이런 댓글을 남길 것이다. 나는 사진만 보고 전자의 댓글을 쓴 인친과 소통을 계속 이어나가긴 조금 어려울 것 같다.

인스타그램 셀럽들은 아래와 같은 댓글을 지양하고 있다.

응원합니다! / 목요팅하세요! / 선팔합니다. 맞팔해주세요.

진심 어린 댓글을 달자

"응원합니다"라는 단답형의 말만 하지 말자. 예를 들어 공동구매를 할 수 있게 힘을 달라는 게시물이 올라온다면 "응원합니다"라고만 쓰지 않는 것이다. 물론 "응원합니다"라고 쓴 댓글이 아예 아무것도 없는 게시물보다는 나을 것이다. 하지만 그보다는 다음과 같이 추가해본다면 글쓴이가 더 힘을 받을 것이다.

"무즙이 들어간 떡볶이라서 시원하고 맛있을 것 같아요. 저도 한번 알아봐야겠어요!" "요즘같이 쌀쌀한 계절에는 곰탕이 최고죠! 곰탕 하면 ○○인데 우리 A님이 공구하시니 더 신뢰가 가네요!" 이러면 어떤가? 그냥 "응원합니다" 하고 지나치는 것보다는 이렇게 쓴 댓글이야말로 진정성이 느껴지고, 인친을 도와주려고 하는 마음이 보인다.

내가 공동구매를 할 때 나의 댓글을 받았던 인친은 내 게시물을 절대 지나치지 않을 것이다. 그분 또한 공동구매 판매에 도움을 주려고 진정성 있는 댓글을 써줄 확률이 높다. 그래서 "응원합니다"라고 하는 5글자의 단어로만 끝낼 것이 아니라, 어떻게 하면 인친에게 진정성 있고 도움을 줄 수 있는 댓글을 쓸지에 대해서 고민해보는 것이 좋다. 그렇다면 나에게도 고마움을 표현하는 댓글이 돌아오며 찐 소통의 출발선이 될 것이다.

의미 없는 안부 인사는 지양하자

"목요팅하세요"라는 일반적인 안부 인사는 하지 말자. '목요팅'이라는 단어를 처음 보는 사람도 있을 것이다. 나도 인스타그램을 통해 이런 신조어들을 접했으니까 말이다. 목요팅은 바로 '목요일'과 '파이팅'의 줄임말이다. 월요일 파이팅은 '월요팅', 화요일 파이팅은 '화요팅', 이렇게 게시물에 아무 내용 없이 요일에 따라 단순한 댓글만 올라온다면 어떠한가? '그냥 발자국만 찍고 가는 사람이네. 내가 답방문을 가야 할까?'라는 생각이 들 것이다.

"날씨가 정말 좋네요. 인친님 파이팅하세요" 등의 댓글을 게시물과 관계없이 적는 경우가 있다. 이 경우 진짜 수박 겉핥기 식의 친분밖에 되지 않는다. 적어도 게시물이나 사진에 대한 언급을 해주고 "우리 인친님도 오늘 하루 즐겁게 보내세요"라고 적어준다면 '단지 방문했다고 알려주려고 온 게 아니고, 나에게 관심이 있구나. 그럼 나도 답방문해서 관심을 보여줘야겠다'라고 생각하게 되면서 자연스러운 답방문이 이뤄지게 될 것이다.

무조건적인 맞팔 요청도 NO

"선팔합니다. 맞팔해주세요"와 같은 무조건적인 요청은 하지 말자. 우리가 팔로워를 늘리는 방법은 2가지다. 첫 번째는 관심사가 비슷한 사람들을 찾아서 먼저 팔로우를 맺고 맞팔로우를 하는 것이다. 두 번째는 콘텐츠를 통해 팔로워를 늘리는 것이다. 우리는 대부분 첫 번째 방법으로 팔로워를 늘리고 있다. 그리고 먼저 팔로우를 맺는 과정에서 처음 보는 사람에게 "안녕하세요. 선팔합니다. 맞팔해주세요"라는 댓글만 남기고 가는 오류를 범하게 된다.

만약 본인의 게시물에 이런 댓글이 남겨져 있다면 맞팔하고 싶은가? 솔직히 고백하자면 나도 이런 댓글을 쓰고 다녔다. 하지만 막상 내가 이 댓글을 받아보니 그리 기분이 좋지 않았다. 그리고 '이 사람은 나를 어떻게 생각하길래 그냥 팔로워만 늘리려고 접근하는 거지?'라는 생각이 들었다. 그래서 이런 사람과는 소통을 하고 싶지 않았고, 맞팔로우하지 않았다.

1장 인스타마켓 성공의 비밀, 꾸·소·콘

무조건 가서 팔로우하고 '나 선팔했으니 너도 맞팔해라'라는 댓글을 써버리면 뭔가 협박당하는 것 같고, 기분이 그리 유쾌하지만은 않다. 직진도 좋지만 맞팔로우를 할 수 있을 만한 관심을 보여주는 댓글을 다는 것이 먼저라고 생각한다. 이런 관심의 표현은 상대방을 배려하는 마음을 보임으로써 같이 소통하는 사람이라는 것을 단번에 알아보고 분별할 수 있게 한다. 추가로 공감, 댓글 이후 DM으로 소통하고 싶다고 의사를 표현하면 맞팔로우 확률 98%다.

이러한 예시들은 모두 답방문을 불러일으킬 만한 요소가 아니다. 공통적으로 발자국만 찍으러 온 '형식적인 인사'라는 범주 안에 넣고 싶다. 게시물과 관계도 없는 댓글을 다는 건 댓글 소통이라고 할 수 없다. 이런 댓글은 '좋아요' 수나 댓글 수의 감소를 통해 결국 신뢰 관계로 발전하지 않는다는 것을 깨닫게 될 것이다. 그냥 소통의 관계일 뿐이지 더 깊은 관계로 발전하진 않는다. 소통은 혼자만 일방적으로 말하는 것이 아니다. 앞에 정의한 것처럼 소통은 쌍방이 서로 통해 오해가 없게 하는 것임을 명심하길 바란다. 이러한 쌍방 소통으로 그냥 셀러가 아닌 셀럽이 되는 지름길을 걸어보자.

인스타그램 4가지 기능으로
200% 소통하기

앞서 SNS는 인적 네트워크를 형성하기 위해 만들어진 서비스의 형태라고 정의 내렸다. 인스타그래머들은 기본적으로 게시물의 댓글을 통해 소통한다. 그리고 대부분은 오직 댓글 소통만이 소통이라고 생각한다. 하지만 인스타그램은 인적 네트워크를 형성하기 위한 여러 가지 기능을 제공한다. 그것은 바로 스토리, 하이라이트, 릴스, 라이브 방송 4가지다.

이 기능들을 적재적소에 사용한다면 그냥 댓글 소통만이 소통이 아님을 알 수 있다. 그리고 소통만 하는 것이 아니라 공동구매 사업

확장을 위해서 나를 알리는 데 중요한 수단이 된다는 것을 알게 될 것이다.

스토리

스토리는 내 프로필 홈에서 오른쪽 상단 플러스(+) 버튼을 터치한다. '만들기'라는 창이 뜨면 '스토리' 부분을 선택한다.

　스토리를 만드는 방법은 총 5가지가 있다. 첫 번째는 내 카메라 앨범의 사진을 그대로 불러오는 경우다. 만들기 창에서 스토리 부

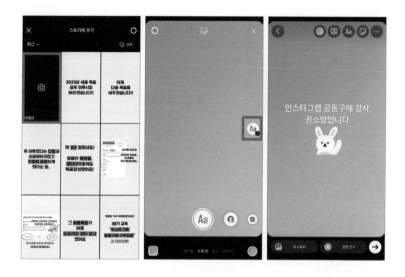

분을 선택하면 기본으로 내 카메라에 있는 사진을 선택할 수 있다. 그러면 그중 하나를 선택하면 된다.

두 번째는 인스타그램이 제공하는 배경 위에 사진이나 글, 그리고 이모지 등을 함께 넣어 만드는 방법이다. 만들기 창에서 스토리 부분을 선택한 후 카메라 부분을 선택한다. 오른쪽 중간에 'Aa'를 누르고 나서 오른쪽 아래 동그란 단추들을 통해 배경색을 선택하고, 글을 쓰거나 사진을 넣고, 사용하고 싶은 이모지를 넣으면 된다.

세 번째는 부메랑 기능이다(①). 다음에 나오는 사진에서 오른쪽 중간에 있는 무한대 표시가 바로 '부메랑'이다. 그것을 누르면 한 3초 정도의 짧은 행동이 3~4번 정도 반복해서 재생된다. 촬영되는 시간이 매우 짧으니 빠르게 담고 싶은 것들을 담아야 한다. 사진

1장에 담기지 않는 음식들이나 풍경을 한 번에 담을 수 있는 것도 좋은 활용 예시다. 맛있게 먹는 모습이나 강조하고 싶은 내용을 임팩트 있게 보여주며 공동구매 상품을 홍보하기에 좋다.

네 번째는 여러 가지 사진을 한 번에 같이 올리는 레이아웃 기능이다(②). 최대 6장까지 같이 넣을 수 있다. 밀키트 상품을 공동구매한다면, 재료 소개, 만드는 순서를 배치해 1장으로 보여줄 수 있다. 또한 다이어트 상품을 진행한다면 살을 빼기 전과 후 사진을 넣어 비교하는 사진으로 만들 수 있다.

다섯 번째는 이미 게재한 게시물이나 릴스를 그대로 스토리로 올리는 방법이다. 게시물을 보면 댓글 아이콘 옆에 종이비행기 아이콘이 있는데 이것을 누르면 스토리로 올릴 수 있다.

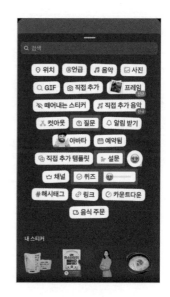

이렇게 만들어진 스토리를 통해서 우리는 인친들과의 소통을 유발해야 한다. 이때 중요한 장치가 바로 '이모지'다. 소통을 유발하는 이모지는 질문, 설문, 퀴즈, 만족도가 있다. 이 4가지에 인친들이 답변을 하면 DM이 날아온다. DM으로 평소보다는 조금 더 깊은 관심사에 대한 대화를 나눌 수 있다(물론 이 4가지 기능을 사용하지 않더라도 표정 이모지나 대화를 쓴다면 DM으로 보내진다).

개인적으로 DM을 보낸다는 것은 그리 쉬운 일이 아니다. 하지만 한번 대화를 나누면 다음에는 인친과 이야기하기 어렵지 않을 것이다. DM으로 이야기를 나눈다는 것은 소통을 늘리는 것과 더불어 인스타그램의 알고리즘을 자극하는 요소가 된다.

인스타그램에서의 광고 영역은 게시물과 릴스, 그리고 스토리가 있다. 처음에는 스토리를 보는 사람이 많을까 싶었지만, 스토리가 광고 영역에 있다는 것은 스토리로 사람들이 많이 유입되고 광고 효과가 있음을 보여준다. 예전에는 내가 스토리를 자주 보지 않아서 그 중요성을 모르고 있었다. 그런데 스토리는 소통을 유발하는 장치이자, 손가락으로 넘기기 쉽다는 편리성 때문에 보는 사람이 적지 않다는 사실을 알게 된 후로는 무조건 사용하게 되었다.

스토리는 올리면 24시간 동안 지속되고 한 번에 여러 개를 동시에 올릴 수도 있다. 다만 처음에 올렸던 스토리가 노출이 적으면 다른 스토리들의 노출에 타격을 입는 것을 보았다. 그래서 처음 올리는 스토리가 노출이 좋으면 그다음 스토리를 올리고 있다. 스토리는 게시물에 올리기에는 조금 애매한, 간단한 것들을 올리면 좋은데, 공동구매 진행사항들을 올리면 좋다. 예를 들어 상품 구입 시 주의사항, 현재 배송현황, 어떤 구성 상품이 잘나가고 있는지 등을 실시간으로 보여주는 것이다. 그 외에 여러 가지 활동이나 사소한 일상을 공유해도 좋다.

하이라이트

하이라이트는 내 프로필에서 소개 부분 아래에 있다. 스토리를 올린 지 24시간이 지나면 '스토리 하이라이트'라는 부분에 저장되는데, 이것을 하이라이트로 묶어 프로필에 노출할 수 있다. 쉽게 말하자면 하이라이트는 주제별 카테고리를 정한 것이라고 보면 된다.

프로필에서 오른쪽 맨 위의 플러스 버튼을 눌러 '만들기' 창이 뜨면 네 번째 '스토리 하이라이트'를 터치한다. 24시간이 지나면 자동

으로 저장된 스토리가 보인다. 여기서 그룹을 설정하고 싶다면 2개 이상의 관련된 스토리들을 한 번에 선택하고 하이라이트의 커버를 선택한다. 여기서 커버는 기존의 스토리에 있는 사진으로 설정할 수도 있고, 통일된 그림이나 기호 등으로 써도 무방하다.

다만 기존의 스토리에 있는 사진으로 설정한다면 프로필이 전반적으로 복잡하거나 깔끔하지 않다. 그래서 통일된 그림이나 기호 등을 사용함으로써 프로필을 깔끔하게 정리하는 것을 추천한다. 방문하는 인친들이 느끼는 첫인상은 내 홈에서 좌지우지된다. 하이라이트가 홈 중간에 위치해 있기 때문에 이미지가 중구난방으로 되어 있다면 내 홈 자체가 너무 지저분하게 보일 수 있다.

하이라이트는 삭제하지 않으면 프로필에 계속 표시되며 얼마든지 추가할 수 있다. 내 홈에는 4~5개의 하이라이트가 보이고(화면 크기에 따라 다르다) 이후에는 왼쪽으로 당겨야 보이게 된다. 수정이나 삭제를 하려면 해당 하이라이트를 길게 누르면 가능하다. 수정한 하이라이트는 왼쪽 첫 번째에 위치하게 된다.

하이라이트는 내가 지향하는 비즈니스의 다양한 면을 카테고리로 묶어 보여준다는 것이 가장 큰 장점이다. 하이라이트를 보고 나에 대한 인식을 심어줄 수 있기 때문에 웬만하면 '나 이런 사람이야'라는 것을 명확하게 보여주는 것이 좋다.

나 같은 경우는 공동구매를 전문적으로 하는 사람이라는 것을 보여주기 위해 공동구매 상품들을 다 모아서 하이라이트에 올렸다. 그리고 공동구매 교육을 하는 사람이라는 것을 보여주기 위해 강의 후기, 교육생 모집, 업체 미팅하는 모습, 공동구매 콘텐츠 모음의 스토리들을 묶어서 보여주었다. 이것들을 보고 업체에서 공동구매 제의를 하거나 협업 문의를 하곤 한다. 하이라이트를 잘 활용해 자신이 어떤 사람인지 드러낸다면 계정의 방향성을 다른 사람에게도 뚜렷하게 보여줄 수 있을 것이다.

릴스

요즘은 밋밋하고 딱딱한 카드뉴스보다는 한눈에 임팩트 있게 보여주는 짧은 영상이 유행이다. 틱톡과 유튜브의 쇼츠를 봐도 짧은 영상에 대한 선호도는 꾸준히 높아지고 있다. 그렇다 보니 인스타그램이 릴스의 노출을 굉장히 밀어주고 있는 상황이다. 팔로우하지 않은 사람들에게도 노출을 원한다면 릴스가 크게 도움이 될 것이다. 실제로 재생횟수 15만 회가 되니 팔로워가 약 1,000명 정도 늘었다.

먼저 내 홈에서 오른쪽 상단 플러스 버튼을 누른 후, 릴스를 선택한다. 미리 찍어놓은 사진이나 동영상을 그대로 릴스로 올릴 수 있다. 사진을 올렸을 때 기본 4초 동안 보이며 더 짧게도 가능하다. 또한 릴스를 이용해 직접 15초, 30초, 60초, 90초 사이의 동영상을 녹화할 수 있으며 편집도 가능하다. 속도를 1~4배 빠르게 재생하거나 0.3배, 0.5배로 느리게 재생이 가능하다. 릴스로 미리 찍어놓은 동영상의 속도도 조절할 수 있다.

오디오는 영상을 찍었을 때 같이 녹음된 음악이나 음성을 안 들리게 설정할 수 있다. 만약 녹음된 외부 음악을 사용한다면 저작권에 위배될 가능성이 있다. 그러면 릴스가 자체적으로 검열해 경고를 주고, 계속 사용할 경우 계정이 사용 정지를 받을 수도 있으니 주의해야 한다.

그리고 내 목소리를 입혀 내레이션과 같은 효과를 만드는 보이스 오버 기능이 있다. 또한 배경 음악을 설정하는 기능도 유용하다. 릴스의 분위기에 따라 외국 곡이나 한국 가요를 사용할 수도 있으며, 장르를 불문하고 적절하게 사용하면 반응도 좋다. 다만 비즈니스 계정으로 설정 시에는 한국 가요가 검색되지 않는 경우가 있다. 이럴 때는 크리에이터 계정이나 개인 계정으로 선택해 검색하면 한국 가요가 나온다.

그 외에 레이아웃을 6개까지 설정해 서로 다른 영상을 올리는 기능도 있다.

타이머도 설정할 수 있는데 2초 후 또는 10초 후 이렇게 2가지로 선택할 수 있다. 90초까지 녹화할 수 있어서 15초, 30초, 60초, 90초 외에 35초, 20초 같은 식으로 원하는 시간 동안 녹화하도록 설정하는 기능이 있다.

릴스를 공유하면 전용 공간인 릴스 탭에 게시된다. 또한 게시물 공간에도 등록이 가능하게 설정할 수 있다. 하단에 홈, 탐색, 플러스(+) 탭 옆에 '추천릴스 영상'이 있는데, 메인에 버튼을 따로 빼놓은 것을 보면 인스타그램이 릴스 노출에 신경 쓰고 있다는 것을 알 수 있다. 특정 오디오, 해시태그 또는 효과를 포함한 릴스를 공유하면 누군가 해당 오디오, 해시태그, 효과를 클릭할 때마다 내가 공유한 릴스도 전용 페이지에 표시될 수 있다.

릴스의 기능을 잘 이용해서 활용해본다면 효과적인 마케팅 수단으로 사용할 수 있으니 이 기능을 눈여겨보길 바란다.

라이브 방송

스토리, 하이라이트, 릴스와 동일하게 내 홈의 오른쪽 상단 플러스 버튼을 눌러서 라이브 방송을 선택한다. 여기서 확인해야 할 것은 상단에 뜨는 "현재 활동 중인 팔로워 ○명"이라는 문구다(①). 이것을 보고 그 시간에 활동하는 인친의 수를 알 수 있다. 활동 중인 팔로워 수가 많으면 그만큼 내 라이브 방송(라방)에 참여할 수 있는 인  친이 많다는 의미다. 보통 주말보다는 주중에 사람이 많고, 시간은 밤 8시에서 10시 사이가 피크 타임이다. 피크 타임이기 때문에 많은 인스타그래머가 라방을 켜서 경쟁이 과열되므로 인친들이 분산되기 쉽다. 여러 시간대로 테스트해 자기만의 라방 시간을 만들어 주기적으로 하는 것을 추천한다.

라이브 방송은 아래 가운데 버튼만 누르면 송출이 되는데, 그 버튼을 누르기가 참 쉽지 않다. 그래서 생긴 것이 공개 대상을 설정하는 기능이다(②). 혼자 또는 다른 사람과 함께 '연습' 방송을 진행할 수 있다. 원하는 인친 외에는 아무에게도 알림이 전송되지 않는다. 충분히 연습한 후 모두에게 공개할 때가 되었다면 '공개'로 설정하면 된다.

화면에서 오른쪽 중간을 보면 3개의 기능이 있다. 첫 번째는 라방의 제목을 설정하는 부분이다(③). 설정을 안 해도 괜찮지만 정보성 라방과 이벤트 라방은 많은 사람이 올 수 있기 때문에 제목을 꼭 설정하는 것이 좋다. 제목은 라방에 인친들을 유입할 수 있는 하나의 장치다.

두 번째는 방송 예약 시간을 설정하는 것이다(④). 라이브 방송 시간을 설정하면 프로필에 표시가 된다. 예약이 완료되면 게시물, 스토리, 링크를 공유할 수 있다.

세 번째는 화면에 다른 쪽 카메라 화면을 더 보여주는 기능이다 (⑤). 즉, 큰 화면에는 내가 바라보고 있는 모습, 작은 화면에는 핸드폰 뒤의 모습을 동시에 보여줄 수 있다.

스토리만 보는 사람, 게시물만 보는 사람, 라이브 방송을 주로 시청하는 사람 등 사람마다 선호하는 기능이 다르다. 인스타그램의 기능들을 적절히 활용해 소통하다 보면 넓은 영역에서 여러 인친들과 두루 소통할 수 있을 것이다. 댓글을 다는 것만이 소통이 아니다.

'좋아요'만 누르는 당신,
알고리즘의 적이 될 수 있다

인스타그램 기능을 파악했다면, 이제 친해지고 싶은 인친을 만들고 효과적으로 소통하는 방법을 알아보겠다.

찐친 만드는 효과적인 방법

첫 번째는 계정의 알람을 설정하는 것이다. 친해지고 싶은 계정 프로필 화면에서 팔로우를 하면 오른쪽 상단에 종 버튼이 생성되는

데, 그 종 버튼을 누른다. 이후 어떤 알림을 받을지 설정하면 된다. 여기서 중요한 것이 있다. 설정만 해서는 안 된다. 알림이 떴다면 바로 실행해야 하는 것이다. 만약 게시물이나 스토리 알림을 설정해서 알림이 떴다면 댓글을 1등이나 2등으로 달아야 한다. 홈 탭에서 인친의 게시물이 다른 인친들에게 보일 때 댓글은 2개 정도까지 보인다. 이때 인친의 게시물에 내 계정도 같이 보이는 효과를 노린다. 제일 먼저 댓글을 다는 것을 본 인친은 '아, 이분이 나와 친해지고 싶구나. 나와 소통을 자주 하고 싶구나!' 하고 마음을 열고 소통할 것이다. 또 다른 효과는 인친과 소통하는 인친들이 자신과도 비슷한 면이 있을 것이라고 생각하면서 나를 팔로우하는 것이다. 이는 곧 팔로워 수를 늘리는 결과도 가져온다.

두 번째는 친해지고 싶은 인친을 즐겨찾기하는 것이다. 이는 업그레이드된 인스타그램 알고리즘을 다룬 내용에서 언급한 바 있다. 조금 더 자세히 말하자면, 따로 설정해두지 않았을 땐 팔로우하는 사람이 무작위로 내 홈 탭에 보인다. 전에는 내가 친해지고 싶은 인친이 있어도 콕 집어서 설정할 수 없어서 굉장히 답답했다. 하지만 이제는 즐겨찾기 기능을 통해 내 홈 탭에서 즐겨찾기 설정을 한 친구들의 게시물이 우선적으로 보이게 되면서 보다 많은 소통을 할 수 있게 되었다. 또한 즐겨찾기한 인친들에게 나도 꾸준하게 노출되는 일석이조의 효과가 있기 때문에 꼭 사용하길 바란다.

세 번째는 친한 친구 설정하기다. 이 설정은 스토리에만 해당된다. 먼저 프로필 오른쪽 상단의 삼선을 클릭한 후 '친한 친구'를 선택한다. 추천하는 친구들 중에서 선택하거나 검색해서 친한 친구로 설정하면 된다. 이 기능은 리스트에 추가된 사람이 내가 만든 해당 리스트에 공유하는 스토리를 볼 수 있다. 즉 친한 친구만 보게끔 설정하는 것이다. 공동구매를 진행할 때마다 무조건 구매하는 단골을 친한 친구로 설정해서 공동구매 시작 전 특별 혜택을 준다는 식의 스토리를 올리면 판매 증대 효과가 있다.

지금 당장 인스타그램을 열어 친해지고 싶은 인친 계정 10명을 리스트에 써보자. 그 10명에게 알림을 받고, 즐겨찾기와 친한 친구 설정을 통해 내가 친해지고 싶은 사람이라고 알리자. 그리고 그 인친이 알아차릴수 있게 진심 어린 소통을 하자.

섀도 밴을 조심하라

시간이 없다고 댓글은 달지 않고 홈 탭에 있는 좋아요만 누르는 사람도 분명 많을 것이다. '좋아요를 누르면 나는 소통한 거니까 이걸로 됐어'라고 생각한다면 정말 크나큰 오산이다. 좋아요만 계속 누른다면 프로그램으로 인식될 가능성이 높고, '섀도 밴(shadow ban)'에 걸릴 수 있다. 섀도 밴이란, 사용자가 인지하지 못하는 방식으로 SNS 사업자가 일부 서비스 이용을 제한하는 것을 말한다. 그래서

나중에 다시 시도하세요

회원님의 계정이 이 조치를 취하지 못하도록 일시적으로 차단되었습니다. 계정을 좋아요 수를 늘리거나 더 많은 팔로워를 확보하는 데 도움이 되는 서비스와 공유하면 커뮤니티 가이드라인을 위반하게 됩니다. 차단은 2021-12-11에 만료됩니다. 이 조치가 잘못되었다고 생각되면 알려주세요.

의견을 알려주세요

확인

계정을 쉽게 하거나 삭제할 수도 있으니 주의해야 한다.

당신이 좋아요를 누른다고 해서 그 인친이 좋아요를 눌러주러 당신의 계정에 찾아오진 않는다. 왜냐하면 댓글을 달아주는 인친들과 소통하러 다니기도 바쁘기 때문이다. 소통을 하고 싶다면 좋아요만 누르지 말고 댓글도 같이 달아야 한다. 사실 댓글 다는 시간은 10초도 걸리지 않는다. 나의 게시물에 달린 댓글에 대댓글을 달고 인친 게시물에 가서 댓글을 달아준다. 집중해서 하면 한 사람당 1분 정도 걸린다. 나는 이런 식으로 1시간에 50명 정도의 계정을 돌았다. 댓글을 달아주는 정성이 있어야 인친들이 나에게도 찾아온다는 것을 꼭 명심하길 바란다.

즉시, 후 1의 법칙

팔로워가 1만 명이 되기 전까지는 인스타그램에 하루 9~10시간을 쏟았던 적이 있다. 한번은 우리 2살 된 둘째가 내 핸드폰을 집어 던지면서 놀자고 했을 정도였다. 그리고 9~10시간 동안 하다 보니 눈도 침침해지고 어깨도 아팠다. 나에게도 인스타 권태기, 즉 '인태기'가 어느 순간 찾아왔다. 한동안 핸드폰도 보기 싫었다. 그래서 이를 극복하기 위해 효과적인 인스타그램 집중 시간을 찾았다. 이 실행 방법을 '즉시, 후 1의 법칙'이라고 명명하고 싶다.

이는 내 게시물을 올리고 나서 댓글이 달리면 그 댓글에 즉시 반응하는 것이다. 그 댓글에 좋아요 눌러주고, 바로 대댓글을 달아준다. 바로 하기 때문에 게시물 확산에도 도움이 된다. 이것이 즉시의 효과다. '후 1'은 게시물을 올린 후 1시간을 이야기한다. 이는 바로 게시물이나 릴스를 올리고 나서 1시간 정도는 그 전에 올린 게시물 댓글에 회신을 하러 가는 것이다. 이 1시간 동안 집중적으로 다른 인친들의 게시물에 댓글을 달면서 방문한 흔적을 남긴다. 게시물만 올리는 것이 아니라 소통도 하고 있다는 것을 알고리즘이 인식할 수 있도록 한다. 그리고 다음 날이 되면 나를 팔로우한 계정뿐만 아니라 팔로우하지 않은 계정까지 노출 범위가 점점 넓어지는 것을 확인할 수 있을 것이다.

매일 인스타그램만 할 수 없다 보니 스스로 만들어낸 법칙이다. 인스타그램에 할애할 시간이 많이 없다면 하루에 딱 1시간만 투자해서 집중적으로 소통하는 것을 추천한다. 그래야 노출 범위를 확대할 수 있고 내 시간도 절약하며 효과적으로 인스타그램을 운영할 수 있다.

내가 잘하는 것이
곧 콘텐츠다

성공적인 인스타마켓의 절대 진리이자 마지막 성공 요소는 바로 콘텐츠다. 자기만의 콘텐츠를 찾는 것은 여간 쉬운 일이 아니다. 하지만 콘텐츠야말로 인스타그램이 성장하는 데 정말 큰 도움이 된다. 앞서 말한 3가지 요소 중 꾸준함과 소통만 갖춰져 있다면 100점 만점에서 50점 정도에 그치지만, 콘텐츠까지 더해진다면 100점보다 더 높은 수준으로 성장할 수 있다. 그리고 콘텐츠는 곧 수익화의 토대가 된다. 그러니 꼭 알려주는 방법을 따라 자기만의 콘텐츠를 찾길 바란다.

콘텐츠를 찾는 5가지 질문

콘텐츠를 찾는 방법을 보기 전에 먼저 인스타그램을 시작하게 된 동기부터 생각해보자. 소통을 하기 위해서인지, 수익화를 위해서인지 말이다. 동기가 확실해야 콘텐츠에 집중할 수 있다.

나는 MD 경력을 살려 공동구매로 수익화를 하기 위해 입문했다. 그래서 인스타그램에 입문한 지 한 달 반 만에 팔로워 1,500명이 되어 공동구매를 바로 시작했다. 이렇게 수익화라는 뚜렷한 목표가 있다면 목표를 빨리 달성하기 위해 인스타그램 성장에 도움이 되는 것, 알고리즘이 좋아할 만한 것을 찾아 콘텐츠 제작에 박차를 가해야 한다.

수익화를 위해 인스타그램에 입문했다는 가정하에 콘텐츠를 정하는 데 도움이 되는 질문을 하겠다.

1. 내가 가장 잘하는 것은 무엇일까?
2. 나의 취미는 무엇일까?
3. 내가 도전해보고 싶은 것은 무엇일까?
4. 내가 좋아하는 것은 무엇일까?
5. 내가 꾸준히 할 수 있는 것은 무엇일까?

한번 이 5가지 질문에 대해 곰곰이 생각해보자. 우리는 아이를

1장 인스타마켓 성공의 비밀, 꾸·소·콘

위해, 남편을 위해, 남을 위해 생각하는 시간이 많다. 그러나 정작 나 자신에 대해서는 과연 하루에 몇 분이나 생각할까? 한 질문에 10분만이라도 집중해보자. 생각이 뚜렷하게 나지 않는다면 생각나는 단어들을 쭉 적어도 괜찮다. 단어들을 나열해서 내가 가장 잘할 수 있는 것을 골라 우선순위를 정해본다. 이런 과정을 반복하면 연필심이 점차 뾰족해지듯 내 콘텐츠를 명확히 잡을 수 있다.

잘하고 꾸준히 할 수 있는 것을 찾자

5가지 질문 중 우리가 집중해야 할 질문은 바로 '내가 가장 잘하는 것은 무엇인지' '내가 꾸준히 할 수 있는 것은 무엇인지'다. 잘하고 꾸준히 하는 일은 시간과 비용을 투자하지 않아도 당장 실행할 수 있고, 빠르게 성장할 수 있는 콘텐츠가 된다. 내가 잘하는 것은 이미 시간과 비용을 투자해 다른 사람들보다 하나라도 더 많이 알고 있는 것이다. 그리고 '가장 잘하는 것'은 '꾸준히 할 수 있는 것'과 대부분 같다. 잘하는 것, 잘 아는 것으로 콘텐츠를 만들면 꾸준하게 발행할 수 있고, 좀 더 전문가로 보여 성장도 가속화될 것이다.

반면 취미, 좋아하는 것, 도전해보고 싶은 것은 시간과 비용을 들여야 한다. 그렇기에 지금 당장 할 수 있는 콘텐츠는 아니다. 시간과 비용을 들인다는 것은 투자를 해야 한다는 말인데, 이는 잘하는 것을 통해 성공한 후 나중에 해도 무리가 없다. 즉 수익화를 목표로 한다면 콘텐츠는 시간과 비용을 최소화할 수 있는 것이어야 한다.

"아무리 생각해도 나는 잘하는 게 없어요" "지금 당장 실행할 수 있는 게 없어요"라고 한다면 또 다른 방법이 있다. 현재 인스타그램에서 활동하고 있다면 자신의 게시물을 천천히 살펴보길 바란다. 육아맘이라면 음식이나 아이 사진이 많을 것이다. 그러면 음식이나 육아 관련 내용으로 계속 콘텐츠를 발행할 수 있을지 고민해본다. 만약 꾸준히 발행할 수 있는 콘텐츠라면 그 카테고리로 콘텐츠를 정하는 것을 추천한다.

만약 인스타그램에 이제 막 진입한 사람이라면 과거에 경험했던 일 중 기억나는 것을 떠올려보자. 포스트잇 1장에 소재를 하나씩 적어 한쪽 벽면에 붙인다. 그리고 그 소재들을 카테고리별로 나눠본다. 그중 가장 많이 나오는 카테고리로 콘텐츠를 만들면 된다. 많이 나오는 소재가 바로 내가 잘하는 것이기 때문에 꾸준하게 등록할 수 있는 내용이 된다.

본인 스스로 이게 콘텐츠가 되는지 반문하는 경우도 생긴다. 나도 온·오프라인 MD 일밖에 몰랐는데 이 일을 인스타그램에 접목하게 될 줄 예상하지 못했다. 쓸데없는 경력이라 생각했고, 다시는 MD 일을 할 수 없을 것이라 생각했다. 인스타그램 내에서는 서평이나 음식을 예쁘게 플레이팅한 콘텐츠들이 상당수를 차지하고 있다. 나 또한 어떤 음식을 먹었는지 올리며 일기장처럼 인스타그램을 시작했다. 하지만 시간이 지날수록 음식을 계속 먹어야 한다는 부담감과 어떻게 찍어야 할지 모른다는 막연함이 나를 괴롭혔다. 그래서 음식 콘텐츠를 이어가기가 힘들었다.

그러다 공동구매를 진행하면서 공동구매하는 방법을 궁금해하는 사람이 많다는 사실을 알게 되었다. 그래서 교육을 시작했다. 내가 팔로우하지 않은 인친들에게도 이를 알리고 싶어 공동구매 정보 관련 콘텐츠를 발행했다. 콘텐츠를 발행하다 보니 내 계정이 공동구매 교육을 하는 사람으로 보이기 시작했다. 50건이 넘는 콘텐츠를 발행하고 나서는 이 책의 출판 계약을 했고, 공동구매 플랫폼의 온라인 강의와 오프라인 교육센터의 제안이 들어왔다. 이렇게 내 파이프라인은 확장되고 있으며 '공동구매 교육 전문가'라는 타이틀을 더욱 공고히 하고 있다. 내가 하는 공동구매 교육 콘텐츠는 감히 독보적인 콘텐츠라고 자부한다. 차별화된 나만의 콘텐츠야말로 쭉 밀고 나갈 수 있는 원동력이다. '이게 되겠어?'라는 의문을 '될 거야!'라는 확신으로 전환할 때다.

나만의 페르소나를
계정 이름에 담아라

'페르소나(persona)'는 SNS를 한다면 한 번쯤 들어본 단어일 것이다. 페르소나는 라틴어로 '가면'이라는 뜻으로, 심리학적으로는 '타인에게 파악되는 자아'를 의미한다. 우리는 SNS에서 활동하면서 개성 있는 페르소나를 드러내야 한다. 쉽게 말해 자기만의 콘텐츠를 찾아 방향성 있게 인스타그램 계정을 성장시켜야 한다는 것이다. 스타가 아닌 평범한 우리가 올리는 일상에 팔로워들은 별로 관심이 없다. 그래서 인스타그램 알고리즘은 알맹이가 없는 일상은 노출 범위를 넓혀주지 않는다. 따라서 우리는 자기만의 페르소나를 설정하고 그에 맞는 콘텐츠를 만들어서 인스타그램을 운영하는 것이 좋다.

계정 이름은 직관적이고 부르기 쉽게

먼저 콘텐츠를 설정했다면 콘셉트에 맞는 페르소나 이름, 즉 인스타그램 계정 이름을 만들어야 한다. 이 계정 이름은 모르는 사람이 봐도 뜻을 정확히 알 수 있게 직관적이고 부르기 쉬운 것으로 정해야 한다. 즉 '나는 이런 사람이다'라는 것을 보여줘야 한다. 많은 사람이 인스타그램 계정 이름을 정할 때 굉장히 난감해한다. 어떤 이름으로 정해야 할지 모르기 때문이다. 이때 콘텐츠를 먼저 설정한다면 계정 이름을 쉽게 만들 수 있다.

나는 인스타그램 계정 이름이 'happy_panda_story'다. 어떤가? 딱 봐도 '행복하게 파는 이야기를 보여주는구나'라는 생각이 든다. 그래서 이 계정은 판매하는 사람이라고 유추할 수 있다. 무엇을 어떻게 행복하게 판다는 건지 궁금하다면 팔로우를 맺고 내 콘텐츠를 지켜볼 것이다.

실제로 한 달에 최대 9번까지 공동구매를 진행했고, 30번의 공동구매 교육을 인스타그램에서 진행했다. 그리고 공동구매 관련 정보 콘텐츠 건수는 200회가 넘었다. 이를 통해 공동구매를 궁금해하는 사람들의 궁금증을 해소시키고 있다. 또한 내 계정 이름의 장점은 가독성이 좋아 부르기 쉽다는 것이다. 그래서 내 애칭이 '해 피판다'다.

우리 수강생들의 예를 들어보겠다. 앞서 꾸준함으로 잭팟을 터뜨린 사례에서 나왔던 'happy.curator'다. 계정 이름을 읽어보면 해피 큐레이터로, 행복하게 상품을 큐레이션한다는 뜻이다. 이분 또한 어떤 콘텐츠를 하는지 뚜렷하게 나타난다. 가독성이 좋아 부르기도 쉽고 기억하기도 쉽다.

이분의 본업은 댄스 강사다. 그래서 춤을 추면서 상품을 소개한다. 춤을 추며 행복하게 상품을 소개하는 모습을 보고 인친들은 믿고 상품을 구매한다. 예를 들면 오리 구이 밀키트를 판매했을 때 오리를 춤으로 표현했다. 그랬더니 정말 폭발적인 댓글 반응과 매출이 일어났다.

이분은 나와 공동구매를 꾸준히 함께 해서 곰탕 공동구매를 6회 주기적으로 진행했는데, 한 번의 공동구매로 순수익을 100만 원 가까이 가져가는 기염을 토하기도 했다.

'kkum.mi_homt'는 그대로 읽어보면 '꿈미홈트'다. 홈트를 콘텐츠로 잡은 계정이라는 것이 드러난다. '꿈미'는 실제 이름을 따서 만든 것인데 꿈을 준다는 의미로도 생각되지 않는가? 이분은 베란다에서 홈트를 하는 영상을 찍어 올리고, 다이어트하는 데 도움이 되는 운동, 건강을 지킬 수 있는 운동들을 보여주면서 사랑받고 있다. 이 계정 이름을 통해 주요 콘텐츠가 확연하게 드러난다는 점, 부르기 쉬워 다른 인친들로 하여금 잘 기억해서 찾아오게 된다는 점, 2가지 요소를 모두 가지고 있다.

이분은 콘텐츠에 맞게 공동구매를 할 때 홈트와 관련된 건강식품이 판매가 잘되었다. 한번은 내가 공동구매 상품으로 콜라겐 젤리스틱을 판매한 적이 있다. 그 당시 일반 식품 위주로 진행해서 그런지 콜라겐 젤리스틱의 매출이 그동안 진행했던 식품 매출의 1/10 정도밖에 나오지 않았다. 같은 상품으로 꿈미홈트 님께 공동구매 진행을 권유했는데, 그분의 매출이 내가 판매했던 콜라겐 젤리스틱 매출보다도 5배는 더 높았다. 이때 한 카테고리의 일관된 콘텐츠를 올리는 계정이 관련된 상품을 공동구매로 판매한다면 많은 매출과 수익을 가져갈 수 있다는 것을 내 눈으로 확인한 계기가 되었다. 현재는 팔로워 5.8만의 인플루언서가 되었고, 스텝퍼 매출이 1,000만 원 이상 나온 것으로 알고 있다. 아마 더욱더 많은 매출이 나올 것이라 예상해본다.

다른 분들도 소개해보겠다. 'ddohuni_mom'이라는 계정은 '또후니맘'이라고 읽는데, 이를 통해 육아 계정이라는 것을 알 수 있다. 이 계정은 아이가 모델이 되어 팔로워들이 고민하는 부분을 확인하고 심사숙고한 후에 공구를 진행하고 있다. 또한 아이가 정말 그 상품에 만족하고 있는 모습을 담아서 '우리 아이가 사용해도 만족하겠구나' 하는 공감을 일으킨다. 아이와 상호작용하면서 놀 수 있는 도안자료를 나눔으로써 팔로워들에게 신뢰를 쌓았다. 처음 만났을 때 6,000팔로워 남짓이었는데 7개월이 지난 후 2.7만 팔로 워로 성장했다. 500만 원 이상의 순수익을 올리며 공동구매 수익 화를 하고 있다.

'jungseup_fix'는 '바른 습관을 유지하자'는 뜻으로 만든 다이어 트 건강 계정이다. 댄스와 홈트를 2년간 진행했고 20kg을 감량한 습관을 주로 공유한다. 협찬받은 운동복을 1년 동안 꾸준히 보여 주며 해지거나 늘어지지 않고 한결같이 새옷처럼 보이게 했다. 그 러자 운동복을 공구해달라는 요청이 쇄도했고, 하루 만에 모든 컬 러와 사이즈를 완판시켰다. 스텝퍼 또한 매출 1,000만 원 이상을 기록했다. 다이어트에 효과적인 음식과 건강기능식품을 꾸준히 판매하고 있는 인플루언서다.

인스타그램에서는 내가 어떤 사람인지 명확하게 알려줘야 한 다. 콘텐츠만 설정한다고 해서 다가 아니다. 시너지를 내려면 계정 이름을 콘텐츠와 일치하게끔 지어야 폭발적인 반응이 일어난다. 지금이라도 계정 이름이 게시물 콘셉트와 일치하는지 한번 점검해 보자.

2장

단기간에 성과 내는
인스타마켓 판매 비법

1장에서 소개한 대로 일정한 콘텐츠를 꾸준히 올리고 소통한다면, 인스타그램 친구들에게 신뢰를 줄 수 있다. 이는 공동구매로 수익을 높이는 토대를 다진 것이다.

2장에서는 인스타마켓에 대해 기본적으로 알아야 할 것과 콘텐츠를 기획하는 방법에 대해 풀어가도록 하겠다.

인스타마켓을 이해하는 첫걸음

본인의 계정에서 상품을 그냥 판매하는 경우와 공동구매로 판매하는 경우를 모두 '인스타마켓'이라고 통칭한다. 계정이 하나의 온라인 플랫폼처럼 되는 것이다. 그중에서 공동구매는 폐쇄몰의 성격을 띤다. 인스타마켓을 이해하려면 폐쇄몰과 공동구매의 정의를 정확하게 알아야 한다.

공동구매는 특정 기간 동안 다수 인원이 대량 구매를 통해 하나를 샀을 때보다 더 저렴하게 구입하는 판매 용어다. 공동구매가 처음 나타났던 때를 떠올려보자.

바야흐로 10년 전 위메프가 출시되었을 때의 첫 딜을 기억하는 가? 그 시작은 바로 에버랜드 자유이용권 50% 할인이었다. 지금은 여러 놀이공원에서 통신사 할인이나 카드 할인이 가능하다. 하지만 그때만 해도 전부 정가를 내야 했다. 에버랜드 자유이용권 50% 할인권을 사지 못해 안타까웠던 마음을 지금도 잊을 수 없다. 이렇게 위메프, 쿠팡, 티몬 플랫폼이 공동구매 형태의 시작이었다. '100명 모이면 반값!'과 같이 이제는 익숙한 문구와 함께 말이다. 나중에 공동구매는 네이버 카페 같은 폐쇄몰에서 성행했고, 블로그, 인스타그램, 틱톡, 유튜브로 점차 퍼져나가게 되었다.

공동구매 판매가격을 공개해도 될까

앞서 위메프, 쿠팡의 초창기 형태가 바로 공동구매였고, 그 이후 네이버 카페, 블로그, 밴드와 같은 폐쇄몰에서 진행되었다는 사실을 언급했다.

폐쇄몰은 특정 인원이나 회원에게만 가격 정보를 제공하고 판매하는 마켓 플랫폼이기 때문에 온라인에서 가격 노출이 되지 않는 쇼핑몰이다. 예를 들면 회사 임직원 복지 차원에서 만든 판매 사이트인 복지몰도 이와 비슷한 개념이라고 보면 된다. 많은 사람이 함께 구매하기 때문에 가격이 공개되어 있는 오픈마켓 행사보다도 더 저렴하게 팔리는 구조다. 그렇기에 가격을 인스타그램 게시물에 공개해서는 안 된다.

공동구매를 진행했을 때 나는 가격을 게시물에 노출하지 않았다. 하지만 정말 저렴하게 판매하고 있고, 사람들이 상품을 꼭 샀으면 하는 바람이 간절했다. 그래서 한 상품의 공동구매 가격을 공개해버렸다. 게시물을 올린 지 1시간 뒤에 모르는 번호로 전화가 왔다. 받아보니 그 상품 회사의 이사님이셨다. "게시물에 가격을 공개하면 안 된다. 다른 위탁 판매자들이 이걸 보고 공동구매 판매 가격으로 달라고 한다. 만약 게시물에 가격을 노출할 거라면 오픈마켓 판매가격으로 진행해달라"라고 말했다.

설마설마했지만 이 사례를 통해 인스타그램 공동구매를 진행할 때는 절대 가격을 게시물에 공개해서는 안 된다는 것을 확실히 알게 되었다. 게시물에 가격을 노출하지 않는 것은 업체와 따로 이야기하지 않아도 지켜야 할 약속이다.

만약 가격을 언급하고 싶다면 '2만 원 중반대' '3만 원 초반대'처럼 뭉뚱그려서 언급하자. '온라인 최저가 5만 원에서 공동구매 가격은 30% 저렴하게'라는 식으로 풀어도 괜찮다. 공동구매를 진행할 때 가격을 정확하게 노출하는 사람도 종종 볼 수 있다. 하지만 그것은 공동구매의 본질을 잘 모르고 진행하는 것이다. 우리 독자들은 이런 오류를 범하지 않길 바란다.

인스타마켓의 판매 형태의 흐름

초창기 인스타마켓은 아동 의류나 패션 의류를 직접 남대문이나 동대문 시장에서 떼어 오거나 본인이 만든 제품을 판매했다. 즉 필요에 의해 상품을 소싱해서 진행하거나 본인의 상품을 판매하는 형태였다. 온라인에서 무언가를 팔려면 쇼핑몰이 필요했지만, 인스타그램은 계정이 곧 판매 플랫폼이기 때문에 수수료 등의 부담 없이 판매가 가능했다. 팔로워가 적더라도 끈끈한 소통을 통해 매출을 만들어내는 것을 보고 몇몇 업체가 상품을 팔아보라고 제안하게 되었다. 그러다 인스타그램의 높은 매출을 알게 된 소수의 업체를 보고 다른 업체 또한 인스타그램에서의 판매를 희망하게 되었다.

여기서 문제가 생겼다. 인스타그램을 통해 판매처를 늘리고 싶은 업체는 셀러를 찾기 위해 인력을 투입해야 하고 인스타그램에 대해 알아야 하는 부담이 생겼다. 새로 진입한 셀러는 인스타마켓을 꾸리고 싶은데 대부분 상품 소싱을 할 줄 모른다. 이러한 양쪽의 문제를 해결해준 것이 공동구매 플랫폼이다. 대표적으로 공팔리터(08liter.com), 스타일셀러(styleseller.co.kr) 등이 있다. 업체는 셀러가 판매한 금액에서 일정 수준만큼의 수수료를 공동구매 플랫폼에 제공한다. 셀러는 본사나 제조업체와 직접 연락하지 않아도 공동구매 플랫폼 안에서 진행하고 싶은 상품이 있으면 바로 선택해서 진행한다.

현재는 앞에서 말한 대로 상품을 소싱해 판매하는 형태, 본인의 상품을 판매하는 형태, 그리고 공동구매 플랫폼을 통해 진행하는 형태가 혼재되어 있다.

인스타마켓에서 숙지해야 할 용어

인스타마켓을 진행하려면 기초적인 유통 용어를 알고 있어야 한다. 그래야 업체와 의사소통할 때 당황하지 않는다.

가격 용어

첫 번째로 알아야 할 것은 가격 용어다. 공동구매 판매가격은 수수료와 공급가격으로 이뤄져 있다.

공동구매 판매가격은 우리가 실제로 공동구매를 진행할 때 판매하는 가격을 말한다. 줄여서 '공구가'라고 불린다. 수수료는 마진과 같은 말로, 셀러가 판매하고 나서 가져가는 수익금이라고 보면 된다. 만약에 공동구매 판매가격이 5만 원이고, 수수료가 10%라고 되어 있다면 5천 원이 내 수수료이자 수익금이 된다. 5만 원에서 5천 원을 뺀 나머지 금액이 '공급가격'이고 이는 업체에 주는 금액이다.

사입과 위탁

두 번째로 유통 형태인 사입과 위탁에 대해 알아보겠다. 먼저 사입은 물건을 저렴하게 사서 창고에 재고를 쌓아두고 판매하는 형식이다. 사입의 장점은 공급가격이 위탁보다 훨씬 저렴하다는 점이다. 그 외에는 다 단점이다. 배송도 직접 해야 하고, 재고를 계속 안고 있어야 하니 공간이 부족해 별도의 공간을 대여한다면 임대비도 계속 지출된다. 배송할 박스 값, 테이프 값뿐만 아니라 시간도 더 들어간다. 가장 큰 단점은 초기 자본이 있어야 한다는 것이다. 기본적으로 한 파렛트(평편한 짐대)와 같이 대용량으로 구매해야 하기 때문에 부담이 크다.

반면 위탁은 초기 자본이 필요 없다. 발주서만 보내주면 업체에서 배송도 다 해준다. 단점이라 하면 사입보다 공급가격이 비싼 것인데, 요즘에는 사입과 차이가 안 나는 경우도 많이 있다.

공동구매 제안을 받을 때 사입 조건이라면 진행하지 말라고 조언하고 싶다. 필자에게 교육을 받기 전에 사입 조건으로 공동구매를 진행했던 수강생이 있었다. 그분은 공급가격이 위탁보다 더 저렴해서 시작했는데 정산해보니 수익은커녕 마이너스 20만 원이 되었다고 한다.

공동구매 초보자가 덜컥 사입부터 진행한다면 마이너스 수익이 될 수 있으니 위탁으로 경험을 쌓은 후에 마음에 맞는 제조사와 사입으로 진행해봐도 늦지 않다.

체험단과 협찬

세 번째로 알아두면 좋은 용어는 체험단과 협찬이다. 이는 바이럴 마케팅의 용어다. 업체가 상품을 알리고 싶어 후기를 작성하게 하는 것이 공통점이다.

체험단은 업체가 인스타그램, 블로그, 맘카페 등에 체험단 모집 글을 올린다. 그 글에 응모해서 당첨이 되면 후기를 작성하는 것이다. 체험단 관련해서는 3장에서 더 자세히 다루도록 하겠다. 협찬은 업체가 SNS를 보고 업체의 상품과 성격이 맞다는 생각이 들면 직접 컨택한다는 점이 체험단과 다르다.

우리는 공동구매 전에 상품 판매에 도움이 되는 계정에 협찬을 부탁하거나, 체험단 게시물을 올려 공동구매 홍보의 일환으로 바이럴 마케팅을 해야 한다. 고객이 공감할 수 있는 콘텐츠를 올림으로써 소비 심리를 자극하고 구매까지 이끌어 판매량과 홍보 2마리 토끼를 잡을 수 있어야 한다.

업체를 알아야
공동구매 백전백승

우리는 인스타그램 공동구매로 판매 수익을 얻어 파이프라인을 넓히는 데 목적이 있다. 그러므로 업체가 인스타마켓으로 기대하는 사업적인 효과와 인스타그램에서 어떤 기준으로 셀러를 선정하는지 등을 아는 것은 중요하다.

이번 장에서는 왜 업체가 공동구매를 진행하는지, 우리가 업체와 공동구매를 할 때 어떤 방식으로 진행하면 좋은지를 자세히 살펴보자.

업체가 공동구매를 진행하는 이유

판매 증대와 광고 비용 절약

첫 번째로 판매다. 온라인 마켓 플랫폼과 인스타그램 공동구매를 비교해보겠다.

온라인 마켓 플랫폼은 상품 등록과 배송, CS 처리 등의 시스템인 SCM(Supply Chain Management, 쇼핑몰 판매자센터)을 잘 알아야 한다는 부담, 담당 CM(카테고리 매니저)과 소통을 잘해야 한다는 부담, 판매 전에 광고를 해야 한다는 부담이 있다.

담당 CM과 소통하는 것은 하늘의 별 따기다. 그럼에도 불구하고 담당 CM을 만나야 하는 이유는 프로모션할 수 있는 좋은 자리를 확보해 판매량을 보장받기 위해서다.

반면 공동구매는 셀러가 판매한 수량만큼의 순이익을 가져가기 때문에 셀러가 판매를 어떻게 해야 할지 고민한다. 즉 셀러가 공동구매 상품으로 콘텐츠를 만들어 판매하니 업체에서는 크게 공동구매 진행에 신경 쓰거나 시간을 할애할 일이 없다.

온라인 마켓은 불특정 다수를 대상으로 하기 때문에 판매가 잘 되려면 상품을 무조건 좋은 자리에 노출하는 것이 중요하다. 즉 불특정 다수에게 상품을 노출하기 위해서는 광고를 필연적으로 해야 하기 때문에, 판매도 하기 전에 광고를 해야 하는 비용 문제가 발생한다.

반면 인스타그램 공동구매 타깃은 특정 다수다. 인스타그램은 자신이 팔로우한 사람의 게시물이 노출되므로 불특정이 아닌 특정 다수라는 표현을 썼다. 그러므로 인스타그램의 공동구매는 광고할 필요 없이 셀러의 인친들이 구매를 해주는 소셜 네트워크의 장점이 있다. 그래서 특별하게 광고 비용 문제는 발생하지 않는다(물론 광고를 할 수도 있지만 확연한 효과가 이뤄지는 콘텐츠가 아니라면 구매 전환율이 높지 않다).

온라인 플랫폼에서는 이렇게 비용을 들이고도 하루에 10개 이하로 팔릴 수도 있고, 아예 안 팔릴 수도 있다. 하지만 인스타그램 셀러의 공동구매 방식으로 판매하면 온라인 마켓에서 광고를 진행하지 않아도 특정 타깃층이 존재하고 타깃층이 상품의 구매층과 일치하므로 판매 확률이 더 높아진다. 이것이 업체가 셀러에게 공동구매를 요청하는 이유다.

홍보

두 번째는 홍보다. 인스타그램은 홍보가 가장 잘되는 SNS로 알려져 있다. '인싸템' 'SNS 대란템'이란 단어를 들어본 적 있는가? 이는 인스타그램을 기반으로 만들어진 신조어다. 인스타그램 게시물은 블로그보다 훨씬 간편하게 작성이 가능하기 때문에 '내돈내산(내 돈 내고 산)' 후기가 게시물로 많이 올라온다. 그리고 공동구매 상품이 인플루언서의 게시물에 올라가면 '좋은 상품인가 보다'라는 인식이 팔로워들에게 형성될 수 있다.

어느 날 DM 하나가 왔다. "저희 상품을 판매해주세요. 판매량은 상관없습니다. 게시물도 딱 2번만 올려주시면 돼요. 그러면 게시물당 5만 원씩 계산해서 10만 원 드리겠습니다"라는 제안을 받았다.

이렇듯 업체는 이미 공동구매를 진행해 인플루언서의 게시물에 상품을 노출하는 게 좋은 홍보 방법임을 알고 있다. 즉 업체는 협찬이나 체험단보다는 판매가 적더라도 '공동구매'로 홍보하려는 목적이 있다는 것을 꼭 명심해야 한다.

참고로 체험단, 협찬은 한 번이면 계정의 소임이 끝난다(물론 상품의 가격이나 가이드에 따라서 2번 이상의 후기를 올려야 하는 경우도 있긴 하다). 반면 공동구매는 셀러가 얼마나 홍보를 하느냐에 따라 판매량이 달라지므로 자발적으로 여러 번 홍보한다. 그래서 업체 입장에서는 체험단이나 협찬보다 공동구매로 판매와 홍보, 일석이조의 혜택을 얻으려고 한다.

업체가 공동구매를 제안하는 기준

이번에는 업체가 셀러에게 공동구매를 제안하는 기준을 알아보겠다.

팔로워 수

업체가 해시태그 검색으로 셀러의 계정에 온다면 첫 번째로 보는 것이 바로 팔로워 수다. 팔로워 수는 곧 그 계정의 팬이 몇 명인지 보여주기 때문이다. 나노 인플루언서, 마이크로 인플루언서, 메가 인플루언서, 매크로 인플루언서라는 단어를 들어본 적이 있을 것이다. 이는 팔로워 수를 기준으로 나눈 것이다. 나노 인플루언서는 1만 명 이하, 마이크로 인플루언서는 1만~10만 명, 메가 인플루언서는 10만~100만 명이고, 매크로 인플루언서는 100만 명 이상이다. 그런데 메가 인플루언서라도 나노 인플루언서보다 판매량이 적을 수도 있다. 그렇기에 팔로워 수가 많다고 무조건 판매를 잘한다고 볼 수 없다. 하지만 숫자는 무시할 수 없다. 많은 업체가 메가 인플루언서 위주로 공동구매를 진행한다. 그렇기에 우리는 팔로워 수를 늘릴 필요가 있다.

좋아요와 댓글

업체는 셀러 계정에서 좋아요 수와 댓글 수, 그리고 댓글의 진성 소통을 본다. 이는 인친과 얼마나 소통을 많이 하고 긴밀한 관계를 유지하고 있느냐를 알 수 있는 기준이기 때문이다. 그렇기에 공동구매를 진행해본 업체는 팔로워 수만 보는 게 아니라 팔로워 수 대비 좋아요 수와 댓글 수의 비율을 본다. 또한 댓글의 내용까지 보면서 셀러의 인성과 태도까지도 본다. 그렇기에 공동구매 제안을 받기 원한다면, 인친들과의 진정성 있는 소통을 열심히 해야 한다. 업체도 소통과 신뢰를 바탕으로 하는 셀러가 판매를 잘한다는 사실을 알고 있기 때문이다.

계정의 콘셉트

업체는 공동구매 상품과 셀러 계정 콘셉트가 일치하는지도 본다. 예를 들어 공동구매 진행 상품이 육아 용품이라면, 육아 콘텐츠를 올리는 계정인지를 살펴본다.

혹은 이때까지 다른 업체와 진행했던 공동구매 상품을 어떻게 콘텐츠로 만들었는지 확인한다. 이는 셀러가 얼마나 상품에 애착을 가지고 공동구매에 임했는지를 알 수 있기 때문이다. 나의 계정을 예로 들자면, 꾸밈이 없고, 상품을 직관적으로 보여준다며 좋아했던 업체가 많았다. 나는 굳이 인스타그램 감성 분위기를 따라가지 않았고, 공동구매 상품을 어떻게 하면 잘 보여줄 수 있을지를 연구했다.

정리하면 업체가 공동구매 셀러를 정하는 기준도 지금까지 강조했던 성공 요소인 꾸·소·콘이다. 그러므로 우리가 기본에 충실하다면 '나는 언제 업체가 공동구매 제안을 주지?' 하고 기다릴 필요가 없다. 오히려 내가 진행하고 싶은 상품을 골라 진행할 수 있다. 실제로 업체한테 왜 필자를 선택했는지 물어봤을 때 "꾸준하게 게시물을 올리는 것을 지켜봤고, 찐 소통을 하면서 상품을 사실적으로 표현해주기에 꼭 같이 진행해보고 싶었다"라는 답변을 받았다. 업체의 공동구매 제안을 받기 원한다면 계속 강조한 기본 3요소 꾸·소·콘을 꼭 지키도록 하자.

업체가 좋아하는 공동구매 진행 가이드

공동구매를 진행하는 데 가이드가 있을까? 사실 '진행 가이드는 이 것이다!'라고 단정하긴 애매하다. 왜냐하면 게시물을 생산하는 주체는 인플루언서인 셀러이기 때문이다. 하지만 내가 직접 공동구매를 진행하다 보니 업체에서 원하는 공동구매 진행 가이드가 있다는 것을 알게 되었다. 이를 종합적으로 정리하겠다. 참고로 이 가이드가 절대 정답은 아니다. 하지만 이렇게 진행하면 분명 판매량이 상승해, 앞으로 공동구매 제안이 많이 들어오게 될 것이다.

게시물 개수

첫 번째, 업체는 게시물 개수가 많을수록 선호한다. 공동구매 기간이 만약 4일이라면, 보통은 그 기간 동안 홍보 게시물 1개, 시작 게시물, 끝 게시물 각 1개를 필수로 작성해서 기본 3개 게시물을 작성해달라고 한다. 공동구매 기간 내내 성실하게 올린다면 그 셀러는 그 상품에 애착을 가지고 판매량을 늘리려고 하는 노력했음을 알 수 있기 때문에 업체에서도 나름대로 가이드를 둔 것 같다.

타트체리가 트렌드였을 때 타트체리 주스를 공동구매한 적이 있다. 포도주와 비슷한 색감이라 와인 대신 타트체리 주스로 남편과 분위기 있는 시간을 보낼 수 있다는 점과 불면증 해소를 주된 셀링포인트로, 게시물을 하루에 3번씩(오전, 오후, 밤 시간) 올렸다. 공동구매 기간이 3일이었으니 총 9번의 게시물을 올렸다. 결과적으로 매출은 업체가 원하는 만큼은 아니었지만 다음 달도 공동구매 진행을 제안받았다. 매출이 나오지 않았는데도 진행을 원하는 이유를 물어봤더니, 이렇게 성실하게 게시물을 올리고 판매를 위해 진정성 있게 콘텐츠를 만든 셀러는 처음이었다고 한다.

또 다른 수강생의 사례도 있다. 이 수강생이 진행한 공동구매 매출은 그리 높지 않았다. 하지만 공동구매 상품으로 콘텐츠를 만드는 게 굉장히 재밌어 하루에도 게시물을 5개씩 올렸다. 이렇게 꾸준히 하다가 건강기능식품 업체와 전속 셀러 계약을 맺고 진행한 첫 번째 공동구매에서 순수익 80만 원을 기록했다.

게시물 개수는 셀러의 성실함을 보여주는 동시에 홍보에 따라서 판매량과 직결된다는 사실을 증명하는 예다.

사진보다는 영상, 1장보다는 여러 장

두 번째, 업체는 사진보다는 영상을 선호하고, 1장의 사진보다는 여러 장의 사진을 선호한다. 세 번째, 게시물 캡션도 간단한 것보다 충분히 써주는 것을 선호한다. 업체도 상품이 구체적으로 홍보되길 바란다. 또한 인스타그램 알고리즘은 사람들이 얼마큼 게시물에 머무느냐에 따라 노출 확산이 이뤄지기 때문이다. 그렇기에 여러 장의 사진, 영상, 충실한 게시물 캡션은 공동구매의 필요 충분조건이다.

2년 전, 어떤 기업의 체험단 상품의 인스타그램 가이드를 받은 적이 있다. 블로그에는 사진 10장 이상, 영상 1개 이상, 2,000자 이상의 조건이 있는 데 반해 인스타그램은 사진 3장 이상, 2줄 이내로만 적어달라고 했다. 2줄만 써달라고 한 이유는 처음 게시물이 보일 때 캡션이 1~2줄까지만 보이기에 2줄에서 승부를 보려 했던 것이다.

하지만 현재는 바뀌었다. 이제는 본인이 사용한 느낌과 상품의 셀링포인트를 적절히 섞어 작성해달라고 강조한다. 실제로 나는 이렇게 썼을 때 우수 후기 리뷰어로 발탁되기도 했다.

이렇듯 기업에서 가이드를 바꾸는 이유가 있다. 인스타그램의 사용층이 30~40대로 바뀌면서 알 권리를 충분히 충족시켜야 하는 의무와 필요성이 생긴 것이다. 그렇기에 홍보 내용을 구체적으로 쓰고, 내가 사용하는 모습으로 공감을 줄 수 있어야 구매를 이끌 수 있다.

스토리

네 번째, 인스타그램의 광고 영역의 하나로서 노출이 보장되는 공간으로 생각하고 있어 스토리도 선호한다. 그리고 게시물을 보는 사람과 스토리를 보는 사람이 나눠져 있기에 어느 한쪽도 놓치지 않으려는 것이다. 그래서 스토리는 보통 업체에서 게시물과 별개로 하루에 1개씩은 꼭 올려달라고 한다. 스토리와 관련해서는 1장을 참고하길 바란다.

공동구매 시
꼭 지켜야 할 5가지 원칙

공동구매를 진행할 때 간과하지 말아야 할 것들이 있다. 쉬운 내용이라 그냥 넘어가도 된다고 생각하기 쉽지만, 기본적이고 중요한 사항이니 꼭 숙지하길 바란다.

뒷광고가 안 되려면 '광고' 해시태그는 필수

첫 번째, 게시물 작성 시 상단에 '#공동구매' '#광고' 해시태그는 필수로 넣어야 한다. 예전에 일부 유튜버와 블로거의 뒷광고가 크게 논란이 되었다. 이후 공정거래위원회는 인스타그램에서 공동구매 진행 시 해시태그를 넣어야 한다고 정했다. 그러므로 공동구매 시 이 해시태그를 꼭 써서 뒤탈이 없기를 바란다.

공동구매를 진행해보면 알겠지만 공동구매 해시태그를 넣는 순간, 예고 게시물 때는 괜찮았던 노출이 공동구매를 시작하고 50% 이하로 떨어지는 기이한 현상을 경험할 것이다. 이것 때문에 공동구매를 진행해야 할지 말아야 할지 고민하는 분도 많다. 하지만 이에 낙담하지 말자. 공동구매를 진행하면 인친들은 '내가 이 상품을 사야 하나' 하는 부담을 느껴 좋아요나 댓글 반응이 떨어진다. 그래서 노출도 예전만큼 잘되지 않는다고 느끼는 것이다. 노출이 떨어지는 현상에 절대 멘탈이 흔들려서는 안 된다. 그때마다 마음을 잡고 평소대로 소통에 힘써서 떨어지는 노출을 본인이 메우면 된다.

메가 인플루언서를 보면 협찬이나 공동구매 해시태그를 넣지 않는 경우도 종종 볼 수 있다. 하지만 원칙은 '#공동구매' '#광고' '#협찬'을 꼭 넣어야 한다는 점을 잊지 말아야 한다.

반드시 진행 일정 지키기

두 번째, 꼭 정한 일정에 맞춰서 공동구매 게시물을 작성해야 한다. 내가 공동구매 교육을 시작한 지 얼마 안 되었을 때의 일이다. 한 수강생이 3월 3일부터 3월 6일까지 4일간 공동구매를 진행하기로 했다. 그렇다면 공동구매 시작일은 3월 3일이고 공동구매 마감일은 3월 6일이다. 그런데 이 수강생이 이 기간에만 공동구매 게시물을 작성하면 되는 줄 알았다고 한다. 3월 3일 하루를 그냥 넘기고 3월 4일에 시작한 수강생도 있었다. 이는 모두 공동구매 진행 일정 개념이 정확히 확립되어 있지 않기 때문에 벌어진 일이었다. 하지만 이 일로 업체와 나의 인연은 끊길 뻔했다. 중간에서 소개한 나의 신뢰가 떨어졌기 때문이다. 또한 업체에서 그 수강생과 다시는 진행하고 싶지 않다고 엄포를 놓았다. 이렇게 공동구매 기간을 지키는 것은 업체와 셀러 간의 신뢰를 지키는 것임을 꼭 명심하도록 하자.

만약 약속한 날짜에 맞춰 공동구매를 진행하지 못한다면 꼭 업체에 미리 말해 연기할 수 있도록 한다. 꼭 공동구매 일정에 맞춰서 진행하자.

가격 노출은 금지

세 번째, 구체적인 가격은 노출하지 말아야 한다. 앞서 언급했지만, 중요한 사항이고 기본 중 기본이기에 다시 한번 강조해 말한다. 인스타그램 공동구매는 폐쇄몰의 형태다. 그렇기 때문에 가격을 게시물에 노출했을 때 오픈마켓 가격으로 진행해야 한다고 연락을 받은 나의 일화를 떠올려보라. 지금 생각해도 아찔하다. 만약 정말 내가 다른 셀러보다 저렴하게 판매한다는 것을 알려주고 싶어 미칠 것 같다면 '온라인 최저가 5만 원에서 50% 할인된 가격!' '2만 원 중반대!'와 같이 작성해 가격을 유추할 수 있도록 하자.

콘텐츠는 직접 연출한 것만

네 번째, 공동구매 진행 상품을 직접 연출한 콘텐츠를 인스타그램에 올려야 한다. "내가 사진 똥손이라서 인친들이 실망할까 봐 못하겠어요" "상품의 상세페이지가 정말 괜찮아서 쓴 건데요" 이런 변명을 마음속으로 할 수도 있다. 물론 상품의 상세페이지는 불특정 다수의 눈길을 사로잡기 위해 만든 것이라 완성도가 높다. 그래서 상세페이지를 쓰면 내 공동구매 상품에 관심이 생기겠지?라고 생각할 수 있지만, 이건 잘못된 생각이다. 해당 셀러가 사진 전문가가 아님을 인친들은 다 알고 있기에 달랑 상세페이지만 가져와 만든 콘텐츠를 보고 상품을 안심하고 구매하지 않는다.

또한 상세페이지는 다른 셀러도 사용할 수 있기 때문에 인친들이 식상해하고 공동구매에 대한 셀러의 열정도 느끼지 못한다. 그리고 등록된 사진이 중복되어 노출이 떨어진다. 인스타마켓은 인친들이 셀러를 신뢰하기 때문에 셀러가 소개하는 상품까지 믿고 구매하는 것이다. 게시물에 셀러가 직접 사용해봤고, 먹어봤더니 진짜 좋은 상품임을 알려야 인친들이 신뢰하고 구매를 할 수 있다.

공동구매만 진행했던 셀러가 나에게 상담을 요청했던 사례를 소개하겠다. 이분은 직장을 다니면서 인스타마켓을 꾸준히 운영했는데, 매출이 하나도 없다면서 막막한 심정으로 어떻게 하면 매출이 생길 수 있는지 물어보았다. 해당 계정을 살펴보니 대부분 육아용품 위주로 진행하고 있었다. 그런데 아이가 사용하는 사진은 하나도 없이 상세페이지에서 퍼온 사진만 올리고 있었다. 나는 곧장 물어보았다. 냉정하게 본인 게시물에 애정이 묻어 보이는지, 이 게시물을 보면 본인이 구매하고 싶은지 말이다. 그분은 직장에 다니느라 공동구매를 진행할 여력도 없고, 아이랑 놀 시간조차 없는데, 상품 사진 찍을 시간은 더더욱 없다고 했다. 하지만 문제는 그 모습이 인친들에게 그대로 보이는 것이다.

육아용품 공동구매를 하는 사람들은 아이랑 이 상품으로 좋은 시간을 보낼 수 있고, 아이에게 안전하고 좋은 상품이라는 게 게시물에서 보여야 인친들에게 반응이 온다. 즉 인친들에게 공감을 이끌어야 하는 것이다. '이 상품을 사면 나도 아이랑 행복한 시간을 보낼 수 있겠지?' '셀러 아이가 잘 사용하는 걸 보니 안전한 것인가 보네?'라는 생각이 들어야 한다. 나는 그분에게 매출이 하나도 없는 이유는 콘텐츠가 단지 무미건조한 상세페이지들로 이뤄졌기 때문이라고 말했다. 아무리 본인이 사진 '똥손'이라도 이 상품에서 얻을 수 있는 장점이나 행복함이 묻어나면 된다. 사진은 계속 찍다 보면 자연스레 좋아진다. 혹여 정말 표현하기 어려운 내용은 이미지를 캡처해서 쓸 수 있지만, 그럴 경우 첫 번째 사진에 노출하지 말고 두 번째부터 노출하길 권장한다.

공동구매 예고를 해야 효과적이다

마지막으로, 공동구매 예고를 해야 한다. 간혹 공동구매를 예고 없이 진행하는 경우도 있다. 하지만 이럴 경우 그 상품에 인친들의 없는 관심이 갑자기 생기지 않는다. 미리 상품에 관심이 생기게 하고 서서히 자주 노출하면서 인친들이 "공동구매 진행은 언제 해요?"라는 말을 할 때 공동구매를 하면 효과가 좋다. 그렇기에 공동구매를 진행하기 전에 꼭 공동구매 상품을 노출해 인친들이 관심을 두고 그 상품의 진가를 알아볼 수 있는 시간을 만들자.

나에게 맞는
상품 카테고리를 찾자

앞서 나만의 콘텐츠를 정했다면, 공동구매는 콘텐츠 주제와 맞는 상품으로 진행해야 함을 여러 번 강조했다. 공동구매에서 콘텐츠 주제는 바로 카테고리라고 생각하면 쉽다. 한 분야의 콘텐츠를 꾸준하게 발행하면 전문가로 인정받게 되고, 그 사람이 판매하는 상품 또한 신뢰를 받게 된다. 그러니 자신과 맞는 콘텐츠의 게시물을 지속적으로 올려, 그와 관련된 콘텐츠가 일정량 쌓이게 만들어보자. 그리고 콘텐츠와 공동구매 상품을 어떻게 연결 지을지, 어떤 상품을 선택하면 좋을지 함께 생각해보자.

카테고리를 정해야 하는 이유

카테고리 종류는 패션 의류, 액세서리, 뷰티, 인테리어, 식품, 유아동, 반려동물, 생활·주방용품, 디지털, 취미 등이 있다. 자신이 진행하는 콘텐츠가 어떤 카테고리에 속하는지 한번 고민해보기 바란다.

예를 들어 육아 관련 게시물을 올린다면 유아동 카테고리, 음식을 소개하는 게시물을 올린다면 식품 카테고리, 집 정리나 집을 가꾸는 게시물을 올린다면 인테리어 카테고리, 강아지나 고양이의 생활을 그려내는 게시물을 올린다면 반려동물 카테고리, 자신의 캘리그래피를 보여주는 게시물이라면 그와 관련한 문구 카테고리에 해당된다. 카테고리를 정하고 나면 상품 찾기는 더 쉬워진다. 그리고 콘텐츠와 관련 없는 카테고리 상품으로 관심을 돌리지 않게 하고, 콘텐츠 주제와 공동구매 상품이 일관되게 진행될 수 있도록 도움을 준다.

물론 여러 카테고리의 상품으로 공동구매를 진행할 수 있다. 하지만 나는 이런 방식을 추천하지 않는다. 일관된 카테고리 상품으로 진행한다면 그 카테고리 분야에서 전문가로 보이면서 인친들에게 신뢰가 쌓인다. 그리고 '그 분야 상품은 A님이지!' 하며 다시 찾아오게 된다. 그래서 차차 매출이 상승한다. 하지만 일관되지 않은 카테고리라면 전문성이 없어 보인다. 그렇기에 오랫동안 소통으로 끈끈한 정이 만들어진 사이가 아니고서는 충성 고객으로 남기가 어렵다.

또한 인스타그램이 어떤 카테고리 분야로 성장시켜줘야 할지 혼란스러워하는 문제도 있어, 시간이 지날수록 점점 노출이 떨어지고 확산이 안 되는 느낌을 받을 수밖에 없다. 그래서 '인스타그램 공동구매를 하지 말아야 하나?'라는 생각을 하면서 공동구매 진행에 대한 두려움이 커지게 되는 것이다. 그러면서 매출까지 떨어지는 악순환이 계속된다. 이런 식으로 진행해 팔로워가 1만 명이 되었다면, 이후 콘텐츠 정체성에 대한 고민과 혼란이 더 커지는 경우가 많다. 노출이 떨어지고 매출도 떨어지기에 '나는 이제 어떤 상품으로 팔아야 하지?'를 고민하게 되고 결국은 인스타그램을 떠나게 된다.

나만의 상품 카테고리 찾는 방법

여러 카테고리 상품으로 공동구매 진행 방식을 추천하지 않지만, 만약 콘텐츠를 정하지 못했는데 막연하게 공동구매를 하고 싶다면, 여러 가지 카테고리 상품을 접하면서 자신에게 맞는 카테고리를 찾는 과정이 필요하다. 하지만 여기서 주의해야 할 점은 팔로워가 1만 명이 되기 전에는 꼭 1가지의 콘텐츠와 카테고리를 잡아가

야만 한다는 것이다.

나 또한 그렇게 시작했다. 인스타그램을 시작할 당시, 막연하게 공동구매를 하려고만 했어서 무엇을 팔아야 할지 고민이 많았다. 그래서 공동구매 시작하는 첫 달에는 식품 위주로 진행했다. 초창기에 내 게시물은 아이들과 함께하는 육아 위주였다. 그리고 먹는 것을 좋아해서 아이들과 엄마가 같이 먹을 수 있는 먹거리나, 가족들이 집에서 간편하게 식사할 수 있는 밀키트 종류인 식품 카테고리를 선택해 진행했다. 당시 코로나19의 대유행으로 집콕 음식, 밀키트 시장이 대단히 크게 성장하며 많은 기업이 밀키트에 집중하고 있었다.

그다음 달부터는 기초 화장품, 건강기능식품, 아기과자, 이랜드 SPA(생산부터 소매, 유통까지 직접 진행하는 패션 업체) 브랜드 슈펜의 신발과 로이드의 목걸이, 라템의 가방 등의 패션 카테고리도 진행해 보았다. 그 외 아스토니쉬의 세정제, 버터의 아동용 캠핑 의자, 제철 과일, 공차 납품 업체의 버블티, 크로플, 베트남 쌀국수 등 여러 카테고리를 시도해보았다. 다른 카테고리도 경험해보니 나에게 맞는 카테고리가 식품이라는 것을 깨달았고, 이제는 그 분야로만 진행해야겠다는 확신이 생겼다.

혹시라도 공동구매를 여러 카테고리 상품으로 진행했다면 이제는 자신이 가장 많이 팔았던 상품으로 카테고리를 정해보자. 그 상품이 인친들이 많이 필요로 하는 상품이기 때문에 그 상품을 주력

으로 판매한다면 이때까지 벌었던 순수익보다 배 이상은 벌 것이
라고 확신한다.

저관여 상품과 고관여 상품

진행하고 싶은 카테고리가 없지만 공동구매는 하고 싶다면, 나처
럼 식품 카테고리 상품으로 처음 진행하는 것을 추천한다.

카테고리별로 상품의 정보량이나 진입이 용이한지에 따라 저관
여, 고관여 상품으로 나눌 수 있다. 사람들이 사용하고 있는 상품
을 타사의 다른 상품으로 쉽게 바꿀 수 있다면 저관여 상품, 타사의
상품으로 쉽게 바꿀 수 없어 시간이 들고 홍보 효과가 빨리 나타나
지 않아 꾸준히 홍보해야 한다면 고관여 상품이다. 식품 카테고리
는 저관여 상품에 속한다. 반면 뷰티나 건강기능식품은 고관여 상
품에 속한다. 그래서 저관여 상품은 셀러가 가져가는 순수익이 적
고 고관여 상품은 순수익이 매우 크다. 사람들이 식품 카테고리를
하다가 어느 정도 인지도가 쌓이면 건강기능식품과 뷰티 상품 같
은 고관여 상품으로 전환하는 이유가 바로 이것이다.

정리하자면, 콘텐츠가 정해졌다면 콘텐츠와 관련된 카테고리
상품으로 공동구매를 진행한다. 만약 콘텐츠가 정해지지 않은 상

태라면 여러 카테고리 상품을 경험해본다. 그래도 콘텐츠 정하기가 어렵다면 저관여 상품으로 공동구매를 시작해본다. 그리고 인스타그램 알고리즘이 혼동하지 않게 빠르게 본인에게 맞는 카테고리를 잡아 콘텐츠를 형성하고 그 카테고리 상품으로 꾸준히 진행하도록 하자.

인스타마켓에 특화된
프로필 설정하기

공동구매를 진행할 카테고리나 상품을 정했다면 이제는 인스타마켓에 특화된 프로필을 설정해야 한다. 프로필 또한 내 계정의 방향성에 맞게끔 잘 설정해야 한다. 그렇기에 이때까지 프로필에 자기가 할 수 있는 모든 것을 적어놓았다면, 이제는 하나에 집중할 수 있도록 선택적으로 선별해 다시 작성해보도록 하자.

프로필은 5가지 바이오(프로필 구성 요소를 이르는 말)로 되어 있다. 첫 번째는 프로필 사진, 두 번째는 이름, 세 번째는 사용자 이름, 네 번째는 소개, 다섯 번째는 웹사이트다.

프로필 사진

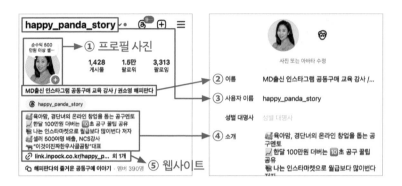

인스타그램을 시작할 때 프로필 사진 설정으로 고민이 많다. '나는 얼굴 노출하기 싫은데 꼭 노출을 해야 하나?' '나는 판매 계정이라서 얼굴 대신 처음부터 로고를 사용하거나 판매하는 상품으로 프로필 사진을 올리고 싶은데' 같은 생각은 지금 책을 읽는 독자들도 할 것이다.

나는 전자였다. SNS를 안 하고 싶었던 이유 중 하나도 얼굴을 노출하기가 정말 싫었기 때문이다. 그렇지만 프로필 사진은 중요한 역할을 하므로 얼굴 노출은 필수다.

너무 무겁게 생각하지 말자. 단지 프로필 사진은 증명사진과 같다고 보면 된다. 사람들은 이 프로필 사진을 보고 계정의 성격을 파악하고 내가 소통을 이어갈 수 있는 사람인가를 판단한다. 즉 '신뢰성'과 연결된다. 얼굴이 보이지 않는 상태에서 처음 접하는 사람

2장 단기간에 성과 내는 인스타마켓 판매 비법

과 인친이 되고, 구매까지 이뤄지기는 굉장히 어렵다. 그런데 만약 가면을 쓴 사진을 프로필 사진으로 올린다면, 그 사람을 믿고 상품을 구매할 수 있을까? 뭔가 숨긴다는 느낌이 클 것이다.

그렇기에 별다른 사정이 없다면 프로필 사진은 미소 짓는 사진을 올리는 것을 추천한다. 본격적인 판매 계정으로 진행하고 싶다면, 초반에는 얼굴을 보여 신뢰를 쌓자. 나중에 내 브랜딩을 하고 싶다면 더더욱 인친들과 스스럼 없이 소통하는 모습을 보이는 것이 좋다. '난 판매만 하는 사람이 아니야. 이렇게 찐 소통하는 사람들이 있으니 너무 부담 가지지 마. 너도 나랑 맞팔로우하고 이 사람들과 부담 없이 소통하자!'라는 태도를 보여줄 수 있어야 한다. 이런 과정이 되어야 새롭게 찾아오는 사람들에게도 위화감이 없다.

이름

이름은 사진 바로 아래에 있는 굵은 글씨를 말한다. 이름 부분을 잘 설정해야 팔로워가 아닌 사람들이 검색으로 유입될 수 있다. 이름 부분에 조합되어 있는 키워드들을 바탕으로 홈 탭의 돋보기를 누르면 관련 키워드가 들어간 계정을 검색할 수 있다. 이때 검색 결과는 팔로워가 높은 순으로 보이는 것이 아니다. 인스타그램 알고리즘에 따라 보이는 것이다. 그렇기에 내 계정의 콘셉트가 잘 드러나 있는 키워드가 있어야 한다.

나는 'MD 출신 인스타그램 공동구매 교육 강사 / 권소영 해피판다'라고 명명했다. 여기에는 MD 출신, 공동구매, 공동구매 교육, 공동구매 강사라는 키워드가 있다. 실제로 예전에 나와 미팅을 했던 업체 관계자들이 '공동구매'를 검색하면 내 계정이 상단에 위치한다고 말했다. 그래서 그런지 브랜드 상품이나 공동구매 교육 관련자들과 함께 일을 진행할 수 있는 기회를 빠르게 얻을 수 있었다. 이름은 비즈니스 확장에 도움이 되고, 팔로워도 늘릴 수 있는 기회이기 때문에, 자신을 표현할 수 있는 콘셉트의 키워드를 2개 정도 넣어서 짓는 게 좋다.

여기서 주의해야 할 점이 있다. '○○마켓'처럼 너무 좁은 범주의 키워드를 사용한다면 검색으로 계정 노출이 어렵다. 그래서 일반적인 키워드로 조합하기를 권한다. 또한 이름을 수시로 변경하면 검색 시 최상단에 보이던 것도 알고리즘 변경으로 노출 순위가 떨어지기 쉽다. 웬만하면 이름을 계속 유지할 수 있도록 곰곰이 잘 생각해보고 바꾸는 것을 추천한다.

사용자 이름

사용자 이름은 계정 이름이다. 처음에 진입하는 사람들을 보면 종종 읽을 수도 없는 영어를 나열하거나, 가독성이 떨어지거나, 콘텐츠와 전혀 상관없는 계정 이름을 짓는다. 이는 이름의 중요성을 크게 간과한 것이다.

'govlvksek'이라는 단어를 보면 어떠한가? 읽을 수도 없는 알파벳으로 조합되어 있다. '해피판다'를 영타로 타이핑한 것이지만, 무슨 뜻인지 알 수 없다. 사용자 이름을 정할 때는 앞서 언급했지만 어떤 사람이 읽어도 어렵지 않게 읽을 수 있게, 이 사람이 어떤 사람인지 알 수 있게 지어야 한다.

다른 사용자 이름을 보자. 'traveler_witch'란 이름을 보면 어떠한가? 직역하면 '여행자 마녀'다. 여행을 좋아하는 여자라는 게 한눈에 보이고, 여행 사진이 많이 있을 것이라고 유추할 수 있다. 실제로 이 인스타그래머는 세계 일주를 하며 찍은 사진으로 여러 나라의 문화와 음식 등을 소개하고 있다. 'nihao_mom'을 한번 읽어보자. '니하오'와 '맘'을 보면 중국어를 할 줄 아는 육아맘임을 알 수 있다. 중국어를 못하는 엄마들이 아이에게 중국어를 가르쳐주는 팁을 올리고 있다.

이처럼 이름을 잘 지어두면 자신의 페르소나를 잘 드러내줄뿐더러 인스타그램의 특성을 살려 여러 사람과도 보다 더 쉽고 친근하게 소통할 수 있을 거라고 생각한다.

소개

소개에는 공동구매 관련 요소와 이름 부분에 미처 설명하지 못했던 나의 콘셉트에 필요한 부연 경력 같은 내용을 추가한다. 나는 '경제적 자유를 드리고 싶은 공구 멘토'라고 적었다. 그 다음 내가 진행하는 인스타 챌린지 모집 공고, 공동구매 진행 설명과 추가로 나의 소개를 넣었다. 이때 공동구매 상품의 셀링포인트를 적어 웹사이트를 클릭하게끔 유도하면 좋다. 예를 들어 닭갈비를 판매한다면, '12월 6~8일 춘천의 맛을 집에서 그대로 느끼세요! 선착순 5명 치즈 사리 증정! 닭갈비 3~4인 세트 1만 원대! 아래 클릭!'과 같이 작성하는 것이다.

웹사이트

웹사이트는 인스타그램에서 유일하게 24시간 동안 링크가 활성화되는 곳이다. 게시물이나 릴스의 캡션 부분에 URL을 노출할 수 있지만 링크 기능이 없어서 클릭해도 넘어가지 않는다(스토리는 링크 기능이 있지만, 하루가 지나면 사라지기 때문에 딱 하루만 링크가 살아 있다). 그래서 캡션 부분에 '프로필 링크에서 구매 가능하다'라고 언급하면 바로 웹사이트로 들어갈 수 있다.

이 웹사이트 부분에는 하나의 URL만 등록이 가능하다. 하지만 우리의 SNS는 인스타그램만 있는 것이 아니다. 블로그도 있고, 유튜브도 있다. 또한 동시에 여러 상품을 공동구매할 수 있고, 공동구매뿐만 아니라 온라인 플랫폼에서 라이브 방송도 진행할 수 있다. 이럴 경우에는 여러 URL이 등록되어야 한다. 하나의 URL에 여러 가지 링크가 보이는 것을 '멀티링크'라고 한다. 이 멀티링크는 인스타바이오, 링크트리, 인포크링크, 프로필링크 등 여러 가지가 있다. 멀티링크는 유료로 전환된 기능이 많아져서 조금 아쉽지만 무료 기능으로도 충분하다.

우리 수강생들은 프로필링크는 아기자기하고 예쁘게 꾸밀 수 있어서 좋다고 강력 추천했다. 이렇게 멀티링크는 여러 SNS의 확장을 이뤄낼 수 있고, 여러 상품의 판매도 이룰 수 있게끔 도와준다. 위에 소개한 것들 외에도 여러 가지가 있으니 자신에게 맞는 멀티링크를 찾아 꼭 적용하길 바란다.

콘텐츠 기획의 비밀은
상세페이지에 있다

공동구매 상품을 정하고, 프로필 내용을 설정한 다음에 우리가 할 일은 이제 게시물과 콘텐츠를 기획하는 것이다. 공동구매 전에 우리는 그 상품의 전문가가 되어야 한다. 전문가가 되려면 상품을 알아야 하는데, 상품 내용은 다름 아닌 상세페이지에서 확인할 수 있다. 따라서 게시물과 콘텐츠를 만들 때 필요한 내용은 바로 상세페이지에 모두 담겨 있는 것이다.

셀링포인트 활용이 열쇠다

상세페이지를 만드는 목적은 예비 구매자들의 소비 심리를 자극해 구매를 유도하는 데 있다. 그렇다면 상세페이지 기획은 누가 할까? 바로 온라인 MD다. 온라인 MD들은 소비 심리를 꿰뚫고 상품을 사야만 하는 이유, 즉 셀링포인트를 잡아 제일 중요한 것부터 작성한다. 제일 중요한 것부터 작성하는 이유는 사야 하는 이유가 상세페이지 상단에 임팩트 있게 표현되어야 예비 구매자들이 상세페이지를 끝까지 보기 때문이다. 그래서 우리는 상세페이지에서 셀링포인트를 잡을 줄 아는 눈을 키워야 한다.

상세페이지에서 찾은 셀링포인트를 캡션에서 잘 정리했다면, 이제는 사진과 영상을 기획해야 한다. 그동안 어떤 사진과 영상을 올릴지 고민했다면, 지금부터 집중하길 바란다.

사진과 영상도 셀링포인트를 활용한다. 음식 공동구매라면 대부분 해당 음식을 먹거나, 활용한 요리 사진 등으로 대부분의 게시물을 채울 것이다. 물론 이런 요소들도 구매를 이끄는 요소가 된다. 그런데 중요한 것은 돈가스면 다 똑같은 돈가스인데 왜 하필 셀러가 판매하는 돈가스를 사야 하느냐는 것이다. 다 같은 한우곰탕인데 왜 하필 ○○한우곰탕을 사야 하느냐는 것이다. 다 같은 수딩젤인데 왜 하필 ○○수딩젤을 사야 하느냐는 것이다. 먹는 이미지나 활용한 요리 사진은 다른 제품과 차별화가 되는 셀링포인트가 들어가지 않는다. 그러므로 체계적인 기획으로 셀링포인트를 살린 사진과 영상을 올려야 한다. 정리하면 순서는 다음과 같다.

1. 셀링포인트를 찾자.
2. 그중에서 이미지화할 수 있는 것들을 골라낸다.
3. 첫 번째 게시물은 셀링포인트를 모두 담은 사진과 영상을 올린다.
4. 셀링포인트의 순서를 정한다. 이는 곧 게시물로 작성할 콘텐츠들의 순서다.

첫 번째 게시물은 친구 소환 이벤트 등으로 공동구매를 시작한다. 트래픽이 몰리는 게시물이기 때문에 셀링포인트가 집약된 영상이나 트래픽을 지속할 수 있는 여러 장의 사진과 영상을 올린다. 이때 유입량이 가장 많기 때문에 첫날 구매가 많이 이루어진다.

한우곰탕 공동구매 게시물을 앞서 말한 기획 순서에 맞춰서 작성해보겠다.

셀링포인트를 찾자

(1) 개체 식별 번호 표기로 안심(후면 기재)

(2) 곰탕을 끓이고 식히면 콜라겐 덩어리가 되는 것은 다른 화학 성분이나

첨가제 없이 장시간 고아냈을 때만 나타나는 현상, 진짜 한우뼈 100%

(3) 무항생제 한우 1++ 등급만 고집

(4) 스테인레스 NO! 무쇠가마솥 방식으로 깊고 구수한 맛! 어르신도 아이도 진짜 좋아함.

(5) 4가지가 없다. 조미료, 감미료, 농축액, 색소 모두 NO!

(6) 20시간 이상 고아지면 인체에 해로운 '인'이라는 뼛가루가 나오기 때문에 6시간 동안 3번, 골든타임 18시간 동안 고음.

이미지화할 수 있는 것들 골라내기

(1) 개체 식별 번호가 표기된 곰탕 파우치 뒷면

(2) 남은 곰탕을 냉장 보관 후 생기는 뭉글뭉글한 콜라겐 젤리 현상

(3) 무쇠 가마솥으로 고아주는 모습

첫 번째 게시물 순서

(1) 뭉글뭉글한 콜라겐 젤리 현상으로 궁금증 유발

(2) 아이들이 잘 먹는 모습

(3) 파우치 뒷면에 표기된 개체 식별 번호

(4) 가마솥으로 고아주는 모습

<자막> 오직 무항생제 한우 1++ 등급만 고집! 조미료, 감미료, 농축액,

색소, 심지어 소금까지 전혀 없다. 18시간만 고아주는 이유!

셀링포인트 노출 순서

셀링포인트 노출 순서를 정하기 위해서는 먼저 공동구매 기간 동안 공동구매 게시물을 몇 개 올릴지부터 계획한다. 순서를 정하는 이유는 전하고자 하는 메시지를 어느 시점에 가장 임팩트 있게 보여줄지를 염두에 두고 계획해야 하기 때문이다. 예를 들어 하루에 게시물을 2개씩 올린다면 아침, 저녁 중 어떤 시간대에 사람들이 많이 보는지 체크해보면 좋다. 인사이트를 보면 확인이 가능한데, 대부분 저녁 시간에 인스타그램 활동을 한다. 하지만 오전 시간대에 활발하게 움직이는 사람이 있을 수도 있기 때문에 꼭 인사이트 분석을 하길 권장한다.

　게시물을 콘텐츠로 만들 때도 셀링포인트와 관련된 사진이나 영상을 활용해 만든다. 요즘에는 정보성 콘텐츠가 트렌드다 보니 셀링포인트와 접목시킨 정보성 콘텐츠로 처음부터 이목을 끌 수 있도록 카피를 만들고, 그 후 공동구매 상품을 사야만 하는 이유를 올리는 경우도 많이 보인다. 이렇게 하면 사람들은 유용한 정보도 얻으면서 '이 상품 진짜 좋은 것이구나'라는 인식을 하게 되어 판매에 도움이 많이 될 것이다.

홍보 게시물 1개, 12월 1일 게시물 2개, 12월 2일 게시물 2개, 12월 3일

게시물 2개, 12월 4일 게시물 2개, 이렇게 총 9개 게시물 만들 예정

(1) 홍보 게시물 1개

(2) 12월 1일 아침 1개: 모든 셀링포인트 집합!

　　　　　저녁 1개: 뭉글뭉글 콜라겐 젤리 현상

(3) 12월 2일 아침 1개: 파우치 뒷면 개체 식별 번호 보여주고 실제 축산

　　　　물 이력을 검색하는 모습

　　　　　저녁 1개: 무쇠 가마솥으로 푹 고아주는 전통 방식을 보여

　　　　주면서 4無 설명, 아이가 맛있게 먹는 모습을 보여줌

(4) 12월 3일 아침 1개: 18시간의 골든타임 키워드로 호기심 자극 후 이

　　　　유 설명하기

　　　　　저녁 1개: ○○한우곰탕을 활용한 음식을 가족이 맛있게 먹

　　　　고 있는 모습

(5) 12월 4일 아침 1개: 무항생제 한우 1++ 등급을 사용했다는 점 강조.

　　　　오직 영주 한우의 우족, 등뼈만 사용

　　　　　저녁 1개: ○○한우곰탕을 활용한 음식을 내가 맛있게 먹고

　　　　있는 모습을 보여줌

　　이렇게 공동구매 기간 동안의 게시물을 기획했다면, 그 콘텐츠 주제에 맞춘 캡션을 작성하면 된다.

판매를 끌어올리는
게시물 캡션 노하우

'캡션'은 게시물에 입력하는 글 부분을 지칭한다. 캡션을 작성할 때 내가 쓰고 싶은 흐름대로 쓰면 안 된다. 짧은 글이지만 글의 구성이 필요하고, 사람들의 관심을 끌어내는 구조로 써야 한다.

지금부터는 공동구매를 진행할 때 캡션을 어떤 순서로 작성하면 효과적인지 소개하겠다. 공동구매 첫 게시물에는 다음과 같은 5가지 순서로 작성하면 좋다.

게시물 작성 순서

1. 기존 상품의 단점 공유

2. 공동구매 상품 제시

3. 상품 설명

4. 전반적인 공동구매 안내

5. 이벤트 안내

기존 상품의 단점 공유

첫 번째, 기존에 쓰던 상품의 단점이나 불만을 공유한다. 인친들이 기존에 쓰던 상품의 불편한 점을 공유해 공감을 얻고, 이를 개선한 공동구매 상품을 소개해 관심이 생기게 한다. 이때 상품의 가장 중요한 점을 부각해야 한다. 내가 공동구매를 할 수밖에 없는 타당성과 당위성을 제시하기 위함이다.

[예시 1] 한우곰탕이라고 해서 먹었는데 찜찜했던 적이 있는 건 저만 그런가요?

[예시 2] 매번 아이들 반찬으로 최고인 돈가스, 튀길 때마다 기름이 다 튀어서 매번 주방을 청소해야 하진 않았나요? 그리고 기름으로 튀기다 보면 불 조절에 실패해서 속은 안 익었는데 겉은 타

버릴 때도 많았죠?

[예시 3] 저는 토마토를 먹으면 항상 입안이 까슬까슬해지고 상처가 많이 나요. 그래서 설탕을 왕창 뿌려서 먹어요.

[예시 4] 겨울이라 건조해서 피부가 엄청 땅겨요. 그래서 수딩젤이 꼭 필요해요. 하지만 수딩젤을 바르면 너무 끈적이고, 밀려서 선뜻 손에 잡히지 않죠.

　참고로 '더 보기'를 누르지 않으면 캡션의 1~2줄까지만 보인다. 바로 그 2줄이 인친들이 더 볼 캡션인지를 판단하는 핵심 문장이기에 공감을 불러일으키게 하는 것이 중요하다.

공동구매 상품 제시

두 번째, 기존 상품의 불편한 점이나 단점이 보완된 공동구매 상품을 제시한다.

[예시 1] 한 번도 개체 식별 번호라는 걸 듣지 못했는데 이 개체 식별 번호를 직접 검색해보고 나서는 이 곰탕만 먹게 되잖아요! 소비자가 직접 한우임을 확인해볼 수 있는 믿고 먹는 ○○한우곰탕을 진행해요!

[예시 2] 이제는 불 앞에서 전전긍긍하지 마세요. 이미 튀기고 구워 나온 ○○돈가스를 에어프라이어로 16분만 돌려 편하게 조리하세요!

[예시 3] 제가 진행할 스테비아 토마토는 먹으면 입안이 까슬까슬해지지 않았고, 설탕을 따로 뿌려 먹지 않아도 돼서 굉장히 편하더라고요! 그래서 저와 같은 고민을 하는 분들을 위해 특별한 가격으로 공동구매 진행합니다!

[예시 4] 젤 형태에서 바르면 물 형태로 바뀌는 신기한 젤 보셨나요? 끈적이지도 않고 피부에 빠르게 흡수되죠. 피부에도 순해 순딩 젤이라 불리는 ○○수딩젤을 소개해요.

상품 설명

세 번째, 상품페이지에서 알게 된 셀링포인트를 나만의 언어로 가독성 있게 작성한다.

[예시 1] 몰캉몰캉한 모습 보이시나요? 이건 다른 화학 성분이나 첨가제 없이 무항생제 1++ 등급 한우만 100% 들어가서 생긴 현상이에요. 조미료, 감미료, 농축액 등 무항생제 1++ 등급 한우 뼈와 물 외의 것은 일절 들어가지 않아요. 그냥 먹으면 밍밍해요. 입맛에 맞게 간을 맞춰주세요.

[예시 2] 국내산 남도 청정 지역에서 전날 도축해서 육즙이 풍부하고 부드러워요. 대부분의 냉동 돈가스가 분쇄육이라 식감이 별로였는데, ○○돈가스는 통등심을 사용해서 입안 가득 두툼한 식감이 느껴져요. 덴마크산 100% 자연산 모짜렐라 치즈를 사용해서 쭈욱 늘어나는 치즈의 풍미도 느낄 수 있지요.

[예시 3] 저는 토마토에 설탕 뿌려 먹다가 당뇨 걱정을 많이 했었는데, 스테비아 토마토로 걱정이 사라졌잖아요! 스테비아는 설탕보다 300배 높은 단맛을 내지만 칼로리는 설탕의 단 1%밖에 되지 않아요. 또한 몸에 흡수되지 않아 혈당이나 혈압 걱정 없이 즐길 수 있어요.

[예시 4] 왜 순딩젤이냐고요? 피부가 좋아하는 약산성으로 ph 농도를 맞추었어요. 그래서 자극을 줄여 건강한 피부를 유지할 수 있게 도와줘요. 모든 성분이 EWG 1등급으로, 15가지 유해 성분 무첨가랍니다.

전반적인 공동구매 안내

네 번째, 공동구매에 대한 전반적인 안내가 필요하다. 예를 들어 공동구매 기간, 주문하는 곳, 배송 방법, 메뉴 구성 등을 안내해주는 것이다.

[예시]

1) 공동구매 상품 : ○○돈가스 10팩(등심, 치즈 선택 가능)

2) 공동구매 기간 : 6월 1~4일

3) 구매하는 방법 @happy_panda_story 프로필 하단 링크 꾹

4) 주문 다음 날 즉시 배송!

이벤트 안내

다섯 번째로는 이벤트를 안내한다. 예를 들면 친구 소환 이벤트, 구매 인증 이벤트, 얼리버드 이벤트가 있다. 친구 소환 이벤트는 친구 3명 이상 소환하거나 게시물을 리그램하면 자동 응모가 되고, 구매 인증은 '저 구매 완료했어요'라고 댓글을 달면 자동 응모가 되는 것이다.

얼리버드 이벤트는 일괄 배송일 경우 첫날에 구매하면 가격 혜택을 주거나 선착순 5명에게 추가 사리를 증정한다는 내용으로 초기 판매를 끌어오는 것이다. 선물의 기준은 셀러가 정하되, 본인이 부담하므로 신중하게 잘 선택해야 한다. 금액은 2만 원 정도로 산정하고, 한 사람에게 들어가는 금액에 따라 당첨 인원수를 맞춘다.

선물은 계절 특성에 따라 베스킨라빈스 아이스크림, 설빙의 빙

수 등이 있고, 4천 원대 기프티콘인 단품 햄버거, 커피, 던킨도너츠 같이 조금 차별화된 상품을 건다면 이벤트 효과도 높을 것이다.

직접 소싱했을 때는 업체와 협의해 선물을 증정하는 것이 좋다. 공동구매 상품을 선물로 주는 것은 좋지 않다. 구매 인증 시 추첨을 통해 1개 더 주는 것은 괜찮지만, 이벤트 선물을 공동구매 상품으로 한다면 구매가 이뤄지기 더 어려워진다는 점을 염두에 두길 바란다.

공동구매 첫 게시물 이후의 게시물은 콘텐츠 기획 시 설정해둔 주제에 맞춰 작성한다. 즉 본인이 나타내고자 하는 셀링포인트에 대해 궁금증을 자아내는 2줄, 셀링포인트, 일상생활에서 사용하는 모습, 공동구매 진행 안내 순으로 작성한다.

인스타마켓,
사진이 힘이다

인스타그램에 게시물을 올릴 때 사진 보정을 안 하는 사람은 없을
거라 생각한다. 나 또한 게시물에 올릴 사진은 보정한다. 인스타그
램에 막 입문했을 때의 내 사진 실력은 형편없었기에 보정은 필수
였다. 나처럼 사진 실력이 고민인 사람을 위해 앱 몇 개를 소개하
고자 한다.

여기서 소개한 것 외에도 좋은 사진 편집 앱도 많고, 사진 소품
도 많으니 꼭 활용해서 최대한 사진 퀄리티를 높이길 바란다.

게시물을 완성하는 편집 앱

먼저 셀카 앱인 '스노우(SNOW)'와 '유라이크(Ulike)'가 있다. 화장을 하지 않아도 얼굴이 밝아지고 없던 눈썹이 생기면서, 민낯도 참 예쁘게 보인다. 그래서 이 앱만 있다면 셀카를 올리는 게 더 이상 두렵지 않다. 보정된 얼굴을 내 얼굴로 착각하고 있다는 게 단점이라면 단점이다. 화장뿐만 아니라 얼굴형, 몸매 보정까지 이뤄진다. 잘만 사용하면 성형수술을 하지 않아도 인스타그램 미인으로 탈바꿈할 수 있다.

그다음은 '푸디(Foodie)'라는 앱이다. 푸디는 이름처럼 음식 사진이 정말 맛있게 보이게끔 보정이 된다. 그 외에도 여러 가지 설정으로 보정할 수 있다.

영상 관련 앱도 있다. '비타(VITA)'와 '키네마스터(KineMaster)' '블로(VLLO)'는 사진만으로 영상을 만들 수 있다.

또한 요즘 인플루언서들이 많이 사용하는 '캡컷(CapCut)'이라는 앱으로 새로운 시도를 할 수 있다. 내가 무선 선풍기를 공동구매했을 때 캡컷을 사용해 영상을 편집했다. 선이 없이도 어디서든 시원하게 선풍기를 사용할 수 있다는 취지로 선풍기를 들고 여러 곳을 돌아다니면서 그 행적을 남길 수 있도록 영상을 편집했다. 이 영상으로 아무데서나 사용할 수 있다는 상품의 특징을 제대로 보여주었다. 이 앱은 속도를 일관성 있게 조절하거나, 어느 구간에는 느리거나 빠르게 바꿀 수 있는 기능이 있다.

'모션립(Motionleap)'이라는 앱으로는 따뜻한 김을 연출하거나 여러 가지 모션으로 밋밋했던 영상을 생동감 있게 만들 수 있다.

여러 앱이 많으니 사용해보고 적재적소에 여러 기능을 사용할 수 있도록 하자.

사진 금손을 꿈꾼다면 꼭 필요한 준비물

사진과 영상을 찍는 데 꼭 필요한 준비물이 3가지가 있다. 이 3가지를 꼭 갖춰서 사진 금손의 꿈을 이뤄보기를 바란다.

첫 번째, 삼각대다. 삼각대를 사용하면 손이 자유로워진다. 그리고 흔들림 없이 찍을 수 있어 수전증이 있다면 필수다. 먼 거리에서도 촬영할 수 있어 편리하다. 무엇보다도 가장 큰 장점은 누구에게 부탁하지 않아도 된다는 것이다. 만약 핸드크림을 짜서 바르는 영상을 찍는다면 양손을 다 사용하니 카메라를 들 손이 없다. 하지만 삼각대가 있다면 다른 사람에게 부탁하지 않아도 양손을 모두 사용해 간편하게 촬영이 가능하다.

두 번째, 배경지다. 우리 집은 너무 지저분하고 인테리어가 안되어 배경지가 정말 유용했다. 배경지 몇 장만으로도 게시물의 분위기를 살려주는 역할을 톡톡히 하므로 강력하게 추천한다. 덧붙여 인테리어 소품도 구비해두면 홈카페 분위기나 내가 연출하고 싶은 분위기를 집에서 간편하게 낼 수 있다.

　세 번째, 조명기구다. 큰 조명까지는 필요 없고, 2만 원 정도의 베스트 상품을 찾아 갖추도록 하자. 조명기구가 없으면 사진 찍을 때 그림자가 지거나, 어둡게 보이기 때문에 사진의 선명도가 떨어진다. 2만 원대 조명기구 하나면 깔끔하고 환한 사진을 찍을 수 있어, 사진 퀄리티가 확연히 달라질 것이다.

인스타마켓에서
상품을 홍보하는 방법

게시물 기획까지 완료했다면 이제 실전 돌입이다. 먼저 본격 판매에 돌입하려면 홍보 게시물을 올려 공동구매한다는 것을 알려야 한다. 이때 홍보가 중요한 이유는 다음과 같다.

동네 마트를 생각해보자. 추석을 앞두고 음식을 마련하려는 사람들을 위해 추석맞이 빅 세일을 진행한다면, 전단지 홍보는 적어도 일주일 전부터 진행한다. 그래서 할인 행사 첫날부터 전단지를 보고 방문한 사람들로 바글바글하다. 만약 행사 전에 홍보가 없었다면 마트는 장사진을 치르지 않았을 것이다. 그러므로 우리는 공동구매하기 전에 홍보를 꼭 해서 사람이 보다 더 많이 모일 수 있게 만들어야 한다.

일상 게시물에 상품을 녹여라

첫 번째, 일상 게시물에 상품을 자연스럽게 녹인다. 어떤 상품이든 공동구매하기 전에 먼저 일상 게시물에 자연스럽게 녹여 노출하는 것이 가장 중요하다. 갑자기 상품이 등장한다면 부담을 느낄 수 있기 때문이다. 인스타그램은 나와 관심사가 비슷한 계정끼리 맞팔로우를 맺어서 인친들의 일상이나 관심사를 공유할 수 있으니 자연스럽게 녹여보자.

이렇게 자연스럽게 일상 게시물에 노출하는 방법은 카테고리에 따라 조금씩 다르다. 식품 카테고리는 공동구매 진행 일주일 전에 인친들에게 '이거 너무 괜찮아서 공구해보려고 하는데 어떠냐'고 물어본다. 반응이 좋으면 본인이 소싱해서 공동구매를 진행한다. 이런 방식으로 진행하는 것이 기본이다.

홍보 게시물은 자주 노출해 '나도 이거 먹어보고 싶다' '나도 이거 사용해보고 싶다'는 마음이 들게 하는 게 중요하다. 하지만 주의할 점이 있다. 너무 오래 전부터 홍보를 시작하면 본인과 인친 모두 지칠 수 있다. 본인은 올릴 게시물에 대한 부담감을 느끼고, 인친들은 사야 한다는 부담을 느낄 수 있다.

홍보를 너무 무겁게 생각하지 않으면 좋겠다. 물 흐르듯 꾸준하게 자연스러운 노출이 되어야 판매로 이어지기 쉽다. 만약 한우곰탕으로 공동구매를 하려고 한다면, 오랜만에 식구가 다 같이 모인 날에 가족의 보양을 위해 ○○한우곰탕을 꺼내서 대접했더니 전통 방식으로 고아서 옛날 먹었던 그 맛이 난다며 맛있게 먹는 모습을 보여주는 것이다.

팔로워들의 호기심을 일으켜라

두 번째, 호기심을 일으키는 게시글을 올린다. 다음 게시물 속 사진은 어떤 상황인 것 같은가? 왼쪽은 나, 오른쪽은 우리 첫째다. 나의 표정은 좋지 않지만 우리 첫째의 표정은 기분이 좋아 보인다. 상황은 이렇다. 당시 유튜브에서 엄마 얼굴에 색칠하는 것이 유행이었다. 그래서 첫째가 내 얼굴에 초록색을 잔뜩 칠했는데 그것을 본 많은 사람이 군인 화장을 한 것이 아니냐며 질문했다. 본의 아니게 군인 화장처럼 보여 나의 망가진 모습을 게시물에 올리니 인친들이 흥미를 느꼈다. 그때 당시 팔로워가 2,000명도 안되었는데, 319명이 좋아요를 누르고 댓글도 100개가 넘게 달렸을 정도로 사람들의 관심이 많았다. 많은 관심도 좋지만, 나는 이 초록색

물감을 어떻게 지울지 고민했다. 그러다 마침 2일 후에 진행하는 공동구매 상품이 옅은 메이크업까지 깨끗이 지워지는 클렌징 상품이라는 게 떠올랐다. 나는 다음 게시물에서 클렌징 상품을 사용해 물감이 깨끗하게 잘 지워진 모습을 올렸고, 그걸 본 사람들이 클렌징을 구매해 공동구매 판매에 영향을 미쳤다.

그 외에도 요즘 유행하는 릴스를 따라 하거나 춤을 춰서 이목을 집중시키는 등의 여러 가지 홍보 방법이 있다. 이러한 다양한 방법으로 제대로 된 홍보를 해보길 바란다.

공동구매 6개월 차에
수박 200통을 판매한 노하우

♡ ○ ◁   🔖

공동구매를 시작한 지 6개월이 되었을 때가 여름이라 수박을 판매하게 되었다. 그전까지는 밀키트 등의 식품 위주로 공동구매를 진행하고 있었는데, 나만의 차별화된 것이 필요했다.

그래서 생각한 것이 제철 과일이었다. 제철 과일은 신경 쓸 것이 정말 많은 상품이라 애를 먹었지만, 이를 계기로 나만의 탄탄한 노하우가 생겼다.

이런 노하우를 바탕으로 팔로워가 5,500명이 되었을 때 200통의 수박을 판매하기도 했다. 판매율로 봤을 때는 내 인친들의 약

4%가 구매한 수치다. 높은 판매율을 기록한 나의 실전 노하우를 이제부터 공개하겠다.

시기에 맞춰 시장을 선점한다

첫 번째, 제일 먼저 공동구매를 진행했다. 과일은 철마다 나오는 게 다르고, 철마다 누가 먼저 맛있는 제철 과일을 공동구매하느냐에 따라 판매량이 결정된다. 그래야 이후 다시 공동구매를 진행할 때도 판매가 그대로 이뤄질 수 있다. 과일뿐만 아니라 시의성 있는 상품은 공동구매 시장을 선점하는 게 중요하다.

직관적으로 설명한다

두 번째, 상품의 구성을 한눈에 알 수 있게 만들어 구매자들이 직관적으로 선택할 수 있게 도와주었다. 상품 구성이 많아 선택의 폭이 넓어지면 선택하기 어렵다. 그래서 공동구매 진행 시 상품 구성은 많아야 3개의 선택지를 제공하는 것이 구매에 도움이 된다.

수박은 하나의 선택지만 진행한다고 하면, 큰 수박의 경우 1인 가구나 소가구에서 소화하기 어렵기 때문에 구매하지 않으려고 한다. 또한 너무 작은 수박을 진행하면 대가구에서는 2개 이상을 구매해야 하기 때문에 부담이 되고 몇 개를 사야 할지 가늠하기가 쉽지 않다. 그래서 나는 4가지의 선택지를 만들었다. 그리고 상품 크기에 따른 구체적인 설명도 덧붙였다.

당시 4~5kg은 1인이 2번 먹기 좋은 크기, 5~6kg은 2~3인이 먹기 좋은 크기, 6~7kg은 4인이 먹기 좋은 크기, 8kg 이상은 대가족이 먹기 좋은 크기 이렇게 4가지로 구성했다.

그냥 몇 kg인지만 적어놓았다면 몇 명이 먹기 좋은 크기인지 가늠이 되지 않았을 것이다. 하지만 나는 몇 명이 먹기 좋은 크기라고 친절하게 설명했기 때문에 인친들이 고민하지 않고 직관적인 선택이 가능했다.

친절하게 설명하지 않으면 여러 질문이 생기니 판매자에게 물어봐야 하는데, 여기서 이탈이 생긴다. 구매자는 판매자와 친하지 않은데 질문하기가 망설여질 수도 있고, 답변을 기다리기도 번거롭게 느낄 수 있다. 판매자는 많은 질문을 순차적으로 답변하는 데 시간이 꽤 걸린다. 이때 고민 없이 바로 사고 싶은 구매자는 구매를 포기하게 되는 것이다.

하지만 이 공동구매를 진행할 때 "저희 집은 몇 명인데 어떤 크기의 수박을 먹는 게 좋을까요?"라는 질문이 거의 없었다. 친절한 설명은 질문을 줄이고, 질문에 답변하는 시간을 홍보에 사용할 수 있게 해준다.

다른 상품과 비교해 차별성을 둔다

세 번째, 다른 상품과 차별성을 두기 위해 수박을 판매하는 온라인 마켓과 오프라인 마켓을 면밀하게 비교·분석했다. 가장 먼저 본 것은 가격이다. 당시 수박 첫 출하 시기라서 수박 가격이 많이 비쌌다. 그래서 온·오프라인 마켓에서 평균 2만 원 이상 하는 수박을 나는 1만 원 중반대에 판매했다. 약 30% 저렴한 금액이다. 인친들이 구매하면서 요즘 수박 가격이 비싼데 합리적인 가격으로 판매한다는 칭찬을 했다.

다음은 상세페이지에서 다른 수박들보다 셀링포인트로 내세울 만한 것을 찾았다. 보통 수박을 택배 발송한다면 수박이 깨져 왔거나 농익었을 경우에 환불이나 교환이 가능한지가 시원하게 상세페이지에 나와야 한다. 하지만 온라인 마켓의 상세페이지에는 위와 같은 내용이 어디에도 없었다. 나는 바로 업체에 이럴 경우 100% 환불이나 교환이 가능하다는 확답을 받았다.

마지막으로 신경 쓴 것이 배송 상태다. 수박이 깨지지 않도록 스티로폼을 까는 등 여러 예방 조치를 취해서 다행히 샘플 수박은 하나도 깨지지 않고 온전한 상태로 왔다. 하지만 일부 고객의 수박은 깨져서 왔다. 그래서 다음에 다시 공동구매를 진행할 때는 버블캡을 요청했다. 수박 파손은 농가뿐만 아니라 판매자와 구매자 모두에게 손해이기 때문이다.

2장 단기간에 성과 내는 인스타마켓 판매 비법

릴스와 라이브 방송을 활용한다

네 번째, 게시물뿐만 아니라 릴스와 라이브 방송을 활용했다. 먼저 릴스를 활용해 공동구매를 알렸다. 수박이 깨지지 않고 배송이 될 수 있는지, 수박이 얼마나 잘 익었는지를 보여주기 위해 내가 배송 받았던 상태 그대로 언박싱 영상을 만들었다. 촬영 전에 제대로 안 익었으면 어쩌나 걱정을 많이 했는데 다행히 정말 잘 익었고, 수박이 택배로 오더라도 깨지지 않는다는 점을 보여줘 안심하고 구매할 수 있도록 유도했다.

그 이후 내 릴스에 댓글을 달았던 사람들에게 바로 대댓글을 달고, 그 사람들의 계정에 방문해 게시물에 댓글을 달았다. 그리고 새로운 인친들이 내 계정에 들어올 수 있게끔 팔로우를 했다.

릴스의 조회수는 3,000회 정도였지만 좋아요를 1,009개 받았고, 댓글이 325개가 달렸다. 보통 팔로워가 5,500명일 때 좋아요 평균은 300~400개였다. 그런데 공동구매 릴스에서 이렇게 많은 좋아요를 받다니 놀라웠다. 분명 인스타그램 알고리즘을 탔다고 생각한다.

나는 게시물과 릴스만 이용하지 않았다. 라이브 방송으로 게시물이나 릴스로 유입되지 않았던 사람에게도 구매를 유도했다. 내가 진행하는 인스타그램 라이브 방송 스타일은 굉장히 자유분방하다. 수박 반 통을 잘라서 약 2시간 동안 쉴 새 없이 먹으며, 라이브 방송에 들어온 인친들과 소통했다. 진짜 맛있게 먹어서 안 살 수가 없다며 구매한다는 사람이 정말 많았다. "판다님, 구매하고 왔어요. 좋은 수박으로 보내주세요"라는 구매 인증 댓글이 올라오면서 라이브 방송의 묘미와 희열을 느꼈다. 손에 수박물이 묻어 구매 인증 댓글을 캡처하지 못해 아쉽지만, 공동구매를 할 때 게시물과 릴스만 할 게 아니라 꼭 라이브 방송도 해야 한다는 사실을 깊이 깨달은 순간이었다.

업체와 적극적으로 소통한다

마지막으로, 업체와 적극적이고 원활한 소통으로 문제가 생긴 상품은 100% 교환, 환불을 진행했다. 나는 공동구매 첫 게시물부터 파손이나 농익은 수박의 100% 환불이나 교환을 보장했다. 실제로 수박이 깨지거나 더운 날씨 때문에 농익었던 경우가 생각보다 많았다. 구매한 인친들이 하자 있는 수박 사진을 보내면 바로 업체에 전달해서 답변을 받았다.

보통 교환, 환불을 요청하면 난색을 표하는 업체가 많다. 하지만 업체도 바로 CS 처리를 해주니 인친들도 고마워했다. 나도 업체에 진심으로 감사했다. CS가 발생하면 빠르고 정확하게 답을 해줘야 한다. 좋은 결과를 전할 때도 마찬가지다. 너무 느리게 답변하면 그 또한 실망감을 줄 수 있다. 하자 있는 상품으로 고객의 마음을 속상하게 했으니 빠른 대응으로 셀러에 대한 고객의 신뢰가 무너지지 않게 해야 한다.

과일 공동구매는 밀키트 같은 보통 식품을 할 때와 비교가 안 되게 힘들었다. 밀키트 상품들은 주문서가 들어가면 바로 그날 운송장이 나오고 그다음 날이면 대부분 받게 된다(나는 이렇게 운영하는 업체들만 진행했다). 하지만 과일은 맛있게 잘 익었을 때를 맞춰야 하고, 날씨에 따라 수확이 안 되거나 배송 상태에 따라 환불, 교환을 해줘야 하는 상황이 있다 보니 정말 쉽지 않았다. 공동구매 기간은 4일이었지만 배송 기간이 늦춰질 수밖에 없는 변수, 파손이나 농익었던 수박의 CS 처리로 7일에서 10일 정도 되는 긴 시간 동안 이 공동구매에 신경 써야 했기 때문에 지치기도 했다. 그래도 이렇게 힘들었던 과일 공동구매가 만족할 만큼 성공적으로 끝나니, 앞으로 어떤 상품이든 다 할 수 있다는 자신감을 얻을 수 있었다.

공동구매 상품의 차별성과 다양한 인스타그램 기능의 활용, 상품에 대한 연구, 업체와의 적극적인 소통으로 빠르고 정확한 CS 처리가 성공적인 공동구매를 이루었다고 생각한다. 인스타그램 공동구매는 이러한 것들이 복합적으로 작용해야 폭발적인 매출을 이룰 수 있다.

MD 출신이 전하는
소싱 노하우

공동구매에서 소싱은 그 무엇보다도 중요한 요소다. 상품 소싱을 제대로 할 줄 알아야 우리는 성장할 수 있다. 그런데 소싱을 할 때 셀러 본인이 '을'이라고 생각하는 경우가 많다. 이는 업체보다 관련 지식이 없다고 생각해서 나온 결과다. 따라서 우리가 업체와 동등한 입장의 비즈니스 파트너가 되려면 그들을 잘 알아야 한다.

이번 장은 업체 컨택 방법부터 소싱 상품 선정하는 방법, 업체와 조율해야 하는 조건 등 업체와 소통할 때 동등한 비즈니스 파트너로서 알아야 할 협상 조건에 대한 내용을 다뤄보겠다.

공동구매 플랫폼에서
쉽게 상품 소싱하기

공동구매를 할 때는 먼저 진행할 상품을 정해야 한다. 처음 공동구매를 진행하는 사람은 어떤 상품을 골라야 하는지 그리고 어떻게 상품을 소싱해야 하는지 모른다. 직접 상품을 구하기 어렵다면, 또는 공동구매 상품을 어떻게 소싱해야 할지 고민하고 있다면 여기에서 제시하는 방법으로 쉽게 상품을 소싱해서 공동구매 진행해보면 좋겠다. 이번 장에서는 소싱을 어려워하는 공동구매 초보자를 위해 공동구매 플랫폼을 활용해 공동구매를 하는 방법과 플랫폼을 이용해 공동구매를 할 때의 장단점 등을 정리해보았다.

공동구매 플랫폼 이용하기

처음 소싱하는 것이 어렵다면 공동구매 플랫폼을 활용하는 것도 좋은 방법이다. 플랫폼을 활용하는 과정은 간단하다. 플랫폼에 입점되어 있는 상품을 선택하고 공동구매 기간을 정한 다음 해당 기간에 진행하는 것이다. 샘플은 유료로 구매하거나 무료로 받을 수 있다. 무료 샘플로 진행하려면 해당 상품의 업체가 정해놓은 기준에 부합해야 한다. 즉 무료 샘플로 진행하면 해당 플랫폼에서 정해놓은 규칙을 지켜야 할 수도 있으니 꼭 규칙을 참고하기 바란다. 반면 유료로 샘플을 구매하면 언제든지 공동구매 진행이 가능하다. 대부분 공동구매 플랫폼은 셀러들이 공동구매를 자유롭게 진행할 수 있도록 되어 있다. 공동구매 플랫폼은 공팔리터, 후추즈, 스타일셀러 등이 있다.

공동구매 플랫폼의 장점

공동구매 플랫폼을 활용한 공동구매는 3가지 장점이 있다. 첫 번째는 판매 링크가 생성된다는 점이다. 실제로 처음 진행하는 사람은 링크를 어떻게 만들어야 하는지 몰라서 어려워한다. 그리고 수수료나 세금신고의 부담이 있어서 공동구매 진행을 꺼리는 사람이 많다. 공동구매 플랫폼을 이용하면 이러한 부분이 해소된다.

두 번째는 판매만 신경 쓰면 된다는 점이다. 즉 제조사나 본사와 연락할 필요가 없고 배송을 신경쓰지 않아도 되고, CS도 플랫폼을 통해 진행하니 신경 쓸 필요가 없다.

세 번째로는 업체에서 판매량에 대해 이야기하지 않는 점이다. 이 경우는 유료 샘플로 진행했을 때의 경우다. 단, 무료 샘플로 진행하는데 판매가 아예 없는 경우가 3회 누적되면 무료 샘플을 지급해주지 않는 공동구매 플랫폼도 있다. 만약 본인 계정의 콘셉트가 잡히지 않았고 사람들과 소통하지 않았다면 판매량이 좋지 않을 것이다. 그러나 플랫폼을 활용하면 낮은 판매량에 대해 누가 이야기하지 않으니 판매량 면에서 조금 부담감이 덜할 것이다.

네이버 카페 '셀러오션' 이용하기

네이버 카페에 '공동구매', '인스타그램 공동구매'를 검색하면 여러 카페가 많이 검색되지만 이 중에서 셀러오션(cafe.naver.com/soho)이 제일 활성화된 카페다. 먼저 '공구·위탁 인스타전용' 카테고리에 들어가본다. 이곳은 공동구매 제안을 받는 셀러들의 글이 있고, 업체가 셀러를 구하는 글도 있다. 공동구매를 진행하고 싶다는 글을 올리면 업체에서 제안서를 보내고, 그 제안서를 바탕으로 수수료율과 판매가격, 공동구매 기간 등을 조율할 수 있다. 공동구매 플랫폼을 이용해서 정해진 수수료율과 판매가격으로 공동구매를 하는 것과는 차이가 있다. 직접 상품을 소싱하기 전 업체와의 대화를 연습해보는 기회가 될 것이다.

공동구매 플랫폼과 네이버 카페의 장단점

공동구매 플랫폼과 네이버 카페 셀러오션을 이용해서 공동구매를 진행했을 때 공통적인 장단점을 알아보겠다. 장점은 '간편함'이다. 상품을 굳이 찾을 필요가 없다. 플랫폼과 카페 모두 공동구매를 원하는 업체들의 집합소이므로 업체들이 제안하는 상품 혹은 플랫폼에 진열되어 있는 상품들 중에 고르면 되니 굉장히 간편하다.

단점은 3가지가 있다. 첫 번째는 나의 순수익이 직접 소싱했을 때보다 적을 수 있다는 것이다. 공동구매 플랫폼에서 업체를 관리하다 보니 업체에서 주는 수수료에서 일정 부분을 공동구매 플랫폼이 운영비로 가져간다. 그리고 남은 수수료를 셀러에게 주다 보니 직접 소싱할 때보다 셀러의 몫이 적다. 셀러오션에서 공동구매를 제안하는 업체들 또한 중간 업체들이 있으므로 셀러오션에서 공동구매를 진행하더라도 큰 수수료를 기대하긴 쉽지 않다. 물론 셀러오션에서는 업체 담당자와 직접 소통하기 때문에 수수료율을 어느 정도 조율해볼 수 있다.

두 번째는 셀러 본인이 직접 소싱을 할 수 없으므로 공동구매 플랫폼이나 네이버 카페에 의존할 수밖에 없다는 점이다. 원하는 공동구매 상품이 플랫폼에 입점되지 않으면 상품을 찾으러 여러 공동구매 플랫폼을 찾는 데 시간을 쏟아야 한다. 그 시간에 차라리 직접 업체를 소싱하는 게 셀러 본인에게 많은 도움이 될 것이다.

　세 번째는 공동구매 플랫폼에 입점되어 있는 상품들은 오픈마켓처럼 상품이 여러 종류가 아니라는 점이다. 종류가 한정된 상품들로 공동구매를 진행하다 보니 다른 셀러들과 기간이 겹치기도 한다. 너도나도 진행하니 상품의 희소가치가 없다. 결국 내 인스타마켓의 브랜딩에는 전혀 도움이 되지 않는다.

내 힘으로 직접 상품을
소싱해야 하는 이유

2022년 8월, 인스타마켓의 셀러들이 애용했던 공동구매 플랫폼이 돌연 업체에 공동구매 진행을 하지 않겠다고 일방적인 통지를 보냈다. 그에 따라 셀러들도 플랫폼의 상품을 공동구매할 수 없게 되었다. 셀러들은 앞으로 어찌할지 갈피를 잡지 못했다. 이는 직접 상품을 소싱하는 힘을 기르지 않고 공동구매 플랫폼에 의존해서 생긴 일이다. 내 힘으로 직접 상품을 소싱하는 경험을 쌓고 업체와 직접 대화하며 독립적인 나만의 인스타마켓을 꼭 만들어야 한다. 내 힘으로 직접 상품을 소싱해야 하는 이유 5가지를 들어보겠다.

원하는 상품을 자신 있게 팔 수 있다

첫 번째는 원하는 상품을 자신 있게 판매할 수 있다는 점이다. 공동구매 플랫폼이나 셀러오션을 활용해 공동구매를 진행한다면 종류가 한정되어 있는 상품 중에서 골라야 하므로 본인 마음에 꼭 들지 않는 상품을 판매하는 경우가 있다. 그렇기에 자신감도 떨어지고, 팔아야 하는 이유에 대해 스스로를 설득하기 어려워진다. 공동구매를 간절히 원하는 상품은 열심히 팔려는 의지가 저절로 생기기 때문에 상품에 대한 전문가가 될 수 있다.

어떤 수강생이 뷰티 상품을 협찬받으며 인스타그램 게시물을 꾸며가고 있었다. 그런데 어느 날부턴가 커피를 판매하고 있었다. 나는 왜 뷰티와 관련 없는 커피 판매를 진행하는지 물어보았다. 사정을 들어보니 커피를 좋아하진 않지만, 공동구매 제안을 준 곳에서 고를 만한 상품이 커피밖에 없었다는 것이다. 그래서인지 게시물도 계속 상품 패키지만 올라와 있고 상품과 관련된 셀링포인트도 보이지 않았다.

이런 부분을 이야기했더니 사실은 공동구매를 경험해봐야겠다는 생각 때문에 하기 싫은 상품을 진행할 수밖에 없었다고 한다. 이런 것이 게시물에 다 드러난다. 따라서 자기가 원하는 상품으로 공동구매를 진행해야 한다. 그래야 이 상품에 대한 진심을 인친들이 알게 된다. 진심은 곧 통한다.

수수료를 많이 받을 수 있다

두 번째는 높은 수수료를 받을 수 있는 점이다. 우연히 내가 공동구매를 진행했던 상품이 어떤 공동구매 플랫폼에도 있다는 인친의 이야기를 들었다. 그래서 확인해보니 같은 상품을 파는데도 공동구매 플랫폼에서는 셀러에게 10%의 수수료만 주고 있었다. 그런데 나는 공동구매 플랫폼보다도 더 저렴하게 판매하면서 30%의 수수료를 직접 제조사에서 받았다. 이렇게 직접 진행하면 공동구매 플랫폼에서 진행하는 것보다 수수료를 적어도 5% 이상은 더 많이 받고 진행할 수 있다.

CS를 바로 처리할 수 있다

세 번째는 CS 문제가 생겨도 바로 해결할 수 있는 점이다. 'CS는 어떻게 처리해야 고객이 강성 고객으로 이어지지 않을까?'라는 고민을 한 적이 있을 것이다. CS는 빠르고 정확하게 처리해주면 그 선에서 끝난다. 하지만 만약 중간 업체를 끼고 진행한다면 두 다리를 건너서 CS 상황을 전달해야 한다. 이럴 때 나는 중간 업체에 전달했지만 중간 업체가 제조사에 전달을 늦게 해서 CS가 늦는 경우가 있다. 또 전달하는 과정에서 내용이 조금 달라질 수도 있다.

어느 날 수강생이 갑자기 도움을 요청했다. 인친이 공동구매 상품을 구매했는데, 하자가 있어 수강생에게 이야기를 했다고 한다. 나는 빨리 업체에 전달하라고 이야기했고, 그분은 업체에 이야기했다. 그 업체는 중간 업체라서 제조사에 전달은 하지만 시간이 오래 걸릴 것이라고 했다. 3일이 지나도 전달을 받은 내용이 없자 인친은 수강생에게 화를 냈다고 한다. 알고 보니 제조사에서는 교환 처리를 해주겠다고 중간 업체에 전달했는데 그 중간 업체가 수강생에게는 미처 전달하지 못했던 것이다. 결국은 수강생 본인만 인친에게 신뢰를 잃고, 본인 돈으로 환불까지 해주었다. 이렇게 해결 시간이 지연되고, 정확하지 못한 CS를 한다면 이 손해는 오롯이 셀러 본인에게 돌아온다.

무료 샘플과 체험단을 진행할 수 있다

네 번째는 무료로 샘플 진행과 체험단 진행이 가능한 점이다. 인스타마켓을 운영하다 보면 '샘플은 공동구매 진행 확정 시 보내드릴 수 있다' '그렇지 않으면 유상으로 돈을 지급해야 한다' 또는 '공동구매를 진행하더라도 샘플비는 지급되어야 진행이 가능하다'라는 DM이 올 수 있다. 이런 업체와는 공동구매를 진행하지 말라고 조언하고 싶다.

대부분의 업체는 셀러들이 실제 상품을 사용해보고 효능이나 효과가 있어야 셀러를 믿고 다른 인친들에게 판매할 수 있다고 생각한다. 그렇기에 샘플을 보내주는 것은 마케팅 관점에서 당연하다고 생각한다.

대부분의 업체 마케터들은 신생 브랜드 상품을 홍보할 때 100원 이벤트, 체험단 이벤트 등을 진행한다. 그 이유는 이벤트라는 간접 경험으로 다른 예비 고객의 소비 심리를 자극하기 위해서다. 어쨌든 비용이 나가기 때문에 셀러에게 먼저 체험단을 진행하라고 하진 않지만, 셀러가 요청하면 흔쾌히 응해줄 것이다. 체험단으로 업체 상품 홍보와 공동구매 판매까지 가능하므로 체험단 진행이 가능한지 꼭 물어봐서 진행하도록 하자.

내 마켓을 브랜딩할 수 있다

마지막은 내 인스타마켓의 브랜딩이 가능하는 점이다. 앞서 공동구매 플랫폼을 이용하면 진행 가능한 상품이 한정되어 있으므로 결국에는 매출이 떨어지고 내 인스타마켓 브랜딩에는 실패한다고 언급했다. 직접 소싱한 상품으로 처음 공동구매를 진행한다면 인친들은 상품에 희소가치를 느끼고 흥미를 가지게 된다. 그러면 인친들은 '대부분의 공구하는 분들은 비슷한 상품을 파는데 이분은 좀 다르구나'라고 생각한다. 그리고 공동구매 후기들이 점점 늘면서 직접 소싱한 상품에 대한 만족도가 높아진다. 이후 공동구매를 진행하는 모든 상품에 매출이 늘어나는 눈덩이 효과를 보게 될 것이다. 그러다 보면 '해피판다님 계정에는 괜찮은 클렌저를 팔잖아!' '곰탕이랑 불고기도 진짜 좋잖아?'라고 입소문이 돌기 시작하고, '해피판다 클렌저' '해피 판다 곰탕' '해피판다 불고기' 이런 식으로 브랜딩이 된다.

결국 내 인스타마켓의 차별화와 매출의 극대화를 위해서는 직접 소싱을 해야 한다고 결론지을 수 있다. 하지만 상품 소싱은 그냥 상품만 발굴하면 끝나는 일이 아니다. 직접 소싱은 다음과 같은 과정으로 진행한다. 이와 관련된 내용은 뒤에서 더 자세히 다뤄보겠다.

팔릴 수밖에 없는
소싱 상품 선정하기

직접 소싱하는 과정 중에서 첫 번째로 해야 할 일은 소싱 상품 선정이다. 하지만 첫 관문부터 어려움을 겪는 사람이 많다. 카테고리는 정했어도 구체적으로 어디서 어떤 상품을 소싱할 수 있는지 모르기 때문이다. 또는 아직 인스타마켓의 정체성이 명확하지 않아 어떤 카테고리의 상품을 팔지 모르는 경우도 있다. 이럴 때는 어떻게 해야 할까? 상품 선정이 공동구매에서 굉장히 중요한 만큼 구체적인 예시를 들어 각각의 상황에 적용하기 쉽게 선정 방법을 설명해보겠다.

팔고 싶은 상품이 있다면

내가 판매하고자 하는 상품이 배도라지즙이라고 가정해보자. 먼저 네이버 쇼핑 검색창에 배도라지즙을 검색한다. 네이버 포털에서 검색하지 말고 네이버 쇼핑에서 검색해야 한다. 그러면 여러 업체의 배도라지즙이 검색되는데, 상세페이지로 들어가서 셀링포인트가 무엇인지, 리뷰는 어느 정도 있는지, 업체 스토어찜은 어느 정도인지를 살펴본다.

참고로, 검색할 때 상위 1~3등으로 나오는 상품은 광고를 이용해 노출을 올린 것이다. 네 번째에 있는 상품이 광고 없이도 오로지 판매율과 네이버의 여러 로직으로 올라온 상품이라는 점을 알고 있으면 좋다.

무엇을 팔아야 할지 모르겠다면

다음으로는 무엇을 팔아야 할지 모를 때의 선정 방법을 설명해보겠다.

네이버 쇼핑의 카테고리 분류
첫 번째 방법은 대분류, 중분류, 소분류 순으로 검색해보며 찾는 방

법이다. 네이버 쇼핑 화면의 상단 가운데 쪽을 보면 '카테고리 더보기'가 있는데, 이때 관심 있는 대분류의 카테고리를 클릭한다. 다음에는 관심 있는 중분류의 카테고리, 마지막으로 소분류의 카테고리를 클릭한다. 이렇게 좋아하거나 관심있는 카테고리를 점점 좁혀나가면서 상품을 찾아간다.

예를 들어보겠다. 네이버 쇼핑에서 상단 가운데 '카테고리 더보기' 버튼을 선택한 후, 대분류 카테고리 중에서 '식품'을 선택한다. 중분류에는 건강식품, 과일, 채소 등이 있는데 그중에서 '다이어트/이너뷰티'를 선택한다. 이때 다이어트/이너뷰티가 내 인스타그램과 결이 맞는지를 고민해봐야 한다. 인스타그램 게시물에 다이어트/이너뷰티와 관련된 콘텐츠가 없다면 이 상품을 진행하기 위해서는 다이어트 계정으로 콘텐츠를 새로 만들고, 다이어트에 관심 많은 인친들을 새로 사귀어야 할 것이다. 만약 내 인스타그램과 다이어트/이너뷰티가 결이 맞다면 좀 더 구체적인 상품으로 좁혀 나가야 한다.

다음 소분류에는 콜라겐, 단백질 보충제, 헬스 보충제, 다이어트 보조제 등이 뜬다. 과자 대신 먹을 식품으로 '단백질 보충제'를 선택한다. 새로 뜨는 페이지에서 단백질 파우더, 단백질바, 단백질 스낵, 단백질 음료, 단백질 츄어블 중 하나를 선택한다. 그러면 상품과 관련된 업체들의 상품 목록이 나타난다. 그리고 소싱하고자 하는 상품이 있을 경우와 동일하게 상세페이지 등을 확인하며 살펴본다.

네이버 쇼핑의 베스트 카테고리

두 번째 방법은 네이버 쇼핑의 베스트 카테고리에서 찾는 방법이다. 카테고리 베스트라고 하는 이 서비스는 네이버 쇼핑에서 비슷한 연령과 성별의 고객들이 많이 찾고 구매한 상품이나, 많이 검색한 키워드를 카테고리별로 보여준다. 네이버 쇼핑에 입점한 상품을 대상으로 일간 또는 주간 동안 많이 본 상품, 많이 구매한 상품, 인기 브랜드, 트렌드 키워드를 제공한다.

우리는 베스트 카테고리에서 어떤 상품이 요즘 트렌드고, 어떤 상품이 잘 팔리는지 흐름을 보면서 공동구매에 적합하고 시의

성 있는 상품을 찾는 눈을 길러야 한다. 전체 베스트와 관심 있는
카테고리 베스트를 선택해본다. 그러면 쇼핑 트렌드 차트를 볼 수
있는데, 이를 활용하면 현재 고객들은 어떤 상품에 관심을 보이고
있는지 힌트를 얻을 수 있다. 최근 트렌드로는 더워진 날씨 때문
에 여름과 건강에 대비하기 위한 선풍기와 비타민이 있는 것을 확
인할 수 있다(2024년 5월 말 기준).

　다음으로는 카테고리 베스트에서 관심 있는 카테고리를 선택해
'많이 본 상품'과 '많이 구매한 상품'을 같이 본다. 그리고 카테고리
베스트와 쇼핑윈도에 있는 상품이 다르니 이것도 종합해서 보면
좋다. 우선 식품을 선택해서 확인했다. 카테고리 베스트에는 오메
가3, 양배추즙 등이 보인다. 쇼핑윈도 베스트에는 깐매실과 쌈채

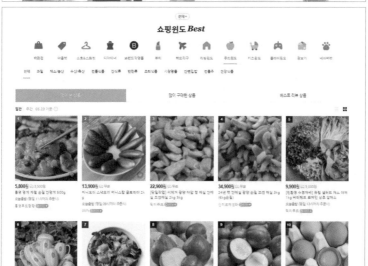

소 등이 보인다. 인스타그램은 트렌드에 민감하다 보니 시의성 있는 상품들이 잘 팔리는 편이다. 이렇게 상품을 고르고 업체 스토어로 들어가면 상세페이지, 리뷰, 스토어찜을 살펴보도록 한다.

네이버 베스트와 더불어 지마켓, 옥션, 쿠팡, 위메프 등의 베스트에 올라 있는 업체의 상품을 선택해도 될지 궁금할 수 있다. 베스트에 선정되는 기준은 판매량의 비중이 크기 때문에 네이버 외에도 지마켓, 옥션, 쿠팡, 위메프 등의 오픈마켓에서 베스트를 확인하면 요즘 어떤 상품들이 잘 팔리는지 확인할 수 있다. 여기서 판매량이 높은 업체를 직접 컨택해도 무방하다.

다만 오픈마켓은 MD가 수수료를 지원해주면서 프로모션을 진행할 수 있으므로 가격이 저렴해질 수밖에 없다. 오히려 우리에게 수수료를 줘야 하는 상황이기에 업체 입장에서는 지원을 해줄 여유가 없을 수 있다. 따라서 베스트에 올라와 있는 업체도 인스타그램에서 수수료를 주며 공동구매를 진행할 여유가 없어 제안을 거절할 가능성이 높다. 판매가 잘되는 물건을 확인해 상품을 정했다면 앞에서 다룬 대로 '팔고 싶은 상품이 있는 경우'의 순서로 소싱하면 된다.

진짜 업체와 가짜 업체
구별하기

소싱할 상품을 검색해 찾아보면 A브랜드의 상품을 판매하는 몇몇
업체를 확인할 수 있다. 하지만 그런 업체는 인스타마켓처럼 위탁
판매자로서 상품을 소싱해 판매하는 업체다. 그러니 우리는 시간
낭비를 하지 않고 바로 공동구매 판매권을 소싱받을 수 있는 본사
나 총판, 혹은 상품을 직접 제조하는 곳에 연락해야 한다. 지금부
터 인터넷 검색으로 우리가 컨택해야 하는 진짜 기업과 가짜 기업,
즉 본사와 위탁업체를 구별하는 방법을 알아보겠다.

위탁업체가 아닌 제조사나 본사를 찾아라

공동구매 상품을 콤부차로 결정했다면 네이버 쇼핑 검색창에 '콤부차'를 검색한다. 여러 상품이 있는데 이 중에서 티젠 콤부차를 소싱하기로 결정했다고 가정한다. 상품을 검색해서 클릭하면 '브랜드 공식 판매처'가 화면에 보인다. 우리는 이 티젠에 연락해서 소통을 해야 한다.

처음에 검색할 때 '가온월드팩토리'가 최저가 탭 상단에 위치해 있다. 그리고 판매처를 보면 262개로 엄청 많은 업체가 티젠 콤부

차 파인애플을 판매한다는 것을 알 수 있다. 브랜드 카탈로그를 보면 가격이 제일 낮은 것부터 올라와 있어 당연히 '가온월드팩토리'가 제조업체나 본사라고 생각할 것이다. 하지만 그렇지 않다.

'가온월드팩토리'를 클릭하면 상품페이지로 넘어간다. 그 상품페이지를 살펴보면 상품 정보 부분이 있는데 여기서 우리가 집중해야 할 내용은 '제조사'와 '브랜드'다. 대부분의 본사는 스토어명을 브랜드명으로 표기한다. 그래서 '가온월드팩토리'와 '티젠'의 이름이 다르다는 점을 확인하고, 위탁업체가 아닌지 확인하기 위해 더 알아봐야 한다.

'가온월드팩토리'라는 스토어명을 클릭하면 해당 업체의 전체 상품이 나온다. 먼저 상품들의 브랜드가 동일한지 확인한다. 네이버 쇼핑에서는 상품명에 '브랜드+상품명'으로 기재하는 것을 권장하고 있다. 그렇기에 상품명의 가장 앞에 있는 단어가 브랜드라고 이해하면 좋다. 전체 상품 목록을 보면 플레코비타 멸균우유, 다봉산업 마이핫 보온대, 롯데칠성음료 델몬트 오렌지, 동아오츠카 포카리스웨트 등이 있다. 전체 페이지를 확인해도 잘 모르겠으면 세부 카테고리로 들어가서 동일한 브랜드의 상품을 판매하고 있는지 확인한다. 여러 브랜드의 상품을 판매하고 있다면 여러 브랜드 상

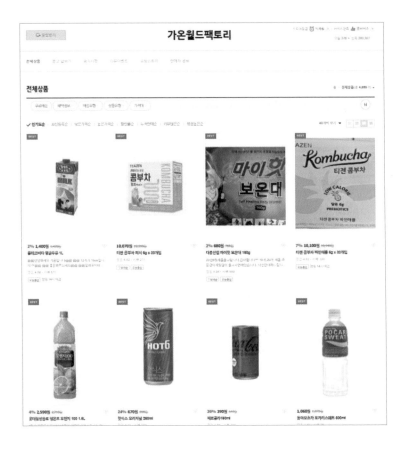

품을 소싱해서 위탁판매하고 있다는 것으로 이해하면 된다.

찾은 스토어가 위탁업체라는 사실을 알았다면 내가 컨택해야 할 진짜 본사를 찾아야 한다. 우리는 앞서 '티젠'이라는 브랜드 공식 인증을 받은 업체가 본사라는 것을 알았다. 이렇게 공식 인증을 받은 곳이 본사나 제조사이며 우리가 컨택할 진짜 업체다. 만약 제조사나 본사가 너무 많은 위탁업체에 상품을 맡겼다면, 또는 본사가 브랜드 공식 인증을 받지 않은 업체라면 소통할 업체를 찾기 어렵다. 그래서 방법을 하나 더 알려드리고자 한다.

이번에는 네이버 통합 검색에 공동구매를 진행할 브랜드명과 상품명을 검색한다. 네이버 쇼핑 탭에 나온 여러 업체 중에서 브랜드로 나온 업체명이 없다면 아래쪽에 있는 'VIEW 탭'으로 이동한다. 그러면 이 상품을 받은 체험단이 쓴 후기가 나온다. 아무 블로그나 들어가서 블로그 맨 하단을 확인하면 스토어 URL을 찾을 수 있다. 체험단에게 가이드를 줄 때 대부분 상품 URL을 블로그에 필수로 작성해야 하는 경우가 많다. 왜냐하면 체험단 글을 보는 예비 고객은 상품을 구매하고 싶어 블로그를 보는 것이니 후기를 잘 썼다면 구매로 이어질 확률이 높다. 그러므로 마지막에 상품 URL을 올리게 하는 것이다.

이렇게 위탁업체와 본사를 구분하는 방법을 알아보았다. 정리하자면, 상품페이지로 들어가 회사명을 클릭하고 전체 상품명이 동일한 브랜드로 이뤄진 상품들이 있는지를 확인하면 된다. 그리고 너무 많은 업체에 위탁했을 때나 확실하게 본사가 어딘지 모를 때는 체험단 후기를 확인해 본사 URL을 알아낼 수 있다는 점을 기억하길 바란다.

전화로만 컨택하나요?
요즘엔 '톡톡'이면 OK

소통할 본사를 찾았다면 다음 단계는 컨택이다. 보통 전화로 컨택을 시도할 것이다. 하지만 전화 말고도 본사와 컨택할 수 있는 여러 가지 수단이 있다.

　네이버 쇼핑에서 관심 있는 상품의 업체 페이지로 들어가보자. 업체 페이지 왼쪽 상단에 업체 소개글이 있는데, 이 부분을 누르면 소개페이지로 넘어간다. 판매자정보 부분에서 상세정보 확인을 누른 후 인증절차를 거치면 사업자 소재지와 전화번호, 이메일 정보를 알 수 있다. 그리고 연관 채널이라고 해서 네이버 블로그, 페이스북, 인스타그램까지도 알 수 있다. 또 네이버 상품페이지에는 '구매하기' 버튼 옆이나 아래에 '톡톡문의'가 있다. 우리는 톡톡문의와 인스타그램 DM을 주목해야 한다. 컨택 수단별로 어떻게 의사소통하는지 알아보도록 하겠다.

전화

전화로 컨택하면 대부분 고객센터로 연결되기 때문에 CS 관련 부서에서 받는다. "인스타그램 계정에서 공동구매를 진행하려고 하는데 관련 부서로 연결해주실 수 있나요?"라고 물어보면 'MD에게 전달하겠다' 혹은 '관련 부서에 전달할 테니 전화번호를 남겨달라' 등의 답변을 들을 것이다. 그러면 전화번호를 알려준 뒤 연락을 기다린다. 만약 연결해줄 수 없다고 하면 다른 업체와 연락한다.

사실 전화로 소통해도 되지만 대부분 전화 영업은 그리 쉽지 않다. 나도 오픈마켓 플랫폼 CM으로 재직했을 당시 업체를 소싱할 때 상대방이 전화를 받을까 봐 엄청 심장이 벌렁거렸다. 아마 대부분이 나와 같을 것이다.

전화 소통은 전화를 걸면 무조건 누군가 받을 수밖에 없으므로 응답률 100%다. 하지만 인스타그램 공동구매 담당자와 연결되기가 쉽지 않기 때문에 성공률은 그리 높지 않다.

메일

다음은 메일이다. 메일은 맘카페 체험단 스태프로 N잡을 하며 업체 소싱을 할 때 사용했던 수단이었다. 사용하다 보니 메일은 치명적인 단점이 있다는 사실을 알게 되었다. 소개페이지에 적혀 있는 메일의 대부분이 대표 메일 주소여서 우리가 보낸 메일이 여러 가지 스팸메일과 함께 업체 측 메일함에 남겨질 수 있다. 그러다 보니 대표 메일 자체를 읽지 않는 업체가 많다. 그래서 제안하는 메일을 보내도 답장이 오지 않는 게 대부분이다. 예를 들어 메일을 30통 보냈다면 메일을 확인하는 업체는 30% 정도다. 그중에서 1~5개 정도 업체에서 연락이 오면 좋은 결과라고 보면 된다. 전화에 비해 부담은 덜하지만 응답률은 10~20% 내외 정도라고 생각하는 게 좋다.

네이버 톡톡문의

세 번째는 네이버 톡톡문의다. 나는 업체 마케터로서 한 업체 스토어를 관리했던 적이 있다. 그런데 간혹 네이버 톡톡문의로 인스타그램 공동구매 문의가 왔었다. 내가 업체 마케터로서 스토어를 관리했던 것처럼 업체의 톡톡문의를 관리하는 사람은 MD이고, 소상공인이라면 대표가 관리한다. 그래서 톡톡문의를 활용하면 전화와 메일보다는 빠르게 담당자와 소통할 수 있다. 그리고 웬만해서는 톡톡문의 내용을 확인하고 그냥 넘기지 않는다. 진행이 불가한 경우에도 답변을 성심성의껏 해준다. 그래서 내가 공동구매 소싱을 위해 대부분 이용했던 컨택 수단은 네이버 톡톡문의였다.

인스타그램 DM

네 번째는 인스타그램 DM이다. 대부분 공동구매 제안을 DM으로 받아봤을 것이고, 앞으로도 DM으로 제안을 받게 될 것이다. 마찬가지로 우리도 업체에 DM으로 연락하면 된다. 네이버 쇼핑에서 원하는 상품의 업체를 찾아서 네이버 톡톡문의나 메일로 연락했지만 답이 없다면 사용해보자.

앞서 네이버 스토어 소개 글에서 연관 채널을 통해 인스타그램 주소를 찾을 수 있다고 했다. 이 링크로 인스타그램을 들어가본다. 일단 여기서 인스타그램을 운영하고 있는지 확인해본다. 그리고 최근 게시물이 언제 등록되었는지 확인한다. 다음으로 가장 상단에 있는 게시물의 댓글 중 대댓글을 단 날짜가 최근인지 확인한다. 이 2가지를 확인했는데 최근(6개월)이 아니라면 마케팅 담당자가 퇴사를 했거나 인스타그램 마케팅을 접은 상황일 수 있다. 그러나 이렇게 판단되더라도 간혹 응답을 주는 경우가 있다. 그래서 네이버 톡톡문의나 메일에 답변이 오지 않았다면 인스타그램 DM도 꼭 보내보길 추천한다.

나는 소싱을 진행했을 때 주로 네이버 톡톡문의로 진행했다. 톡톡문의에서는 가타부타 말이 없었던 곳에 인스타그램 DM을 보내고 나니 2시간 만에 답변을 받았다. 이렇게 인스타그램 DM으로 소통을 빠르게 한 경우도 있으니 톡톡문의와 인스타그램 DM을 컨택 방법으로 추천한다.

소싱 강의를 하다 보면 의지에 활활 타오르는 수강생이 있다. 하지만 막상 업체와 소통을 시도하다 보면 이런 고민에 빠진다. '업체와 소통은 처음인데 얕잡아보면 어떡하지?' '업체가 질문할 때 제대로 대답 못 하면 어떡하지?' 하며 지레 겁을 먹는다. 우리가 영업을 해야 하는 건 맞지만 업체가 갑이고 우리가 을이라고 생각할 필요는 없다. 우리와 업체는 동등한 비즈니스 관계다. 그러니 거절을 당할까봐 두려워할 필요가 없다.

누구나 실패를 겪고 처음이라는 시절을 보낸다. 처음이 있기에 다음 단계가 있는 것이다. 많이 경험할수록 능숙해질 수 있으므로 업체와 연락을 수차례 시도해서 유리 같은 멘탈을 쇠붙이처럼 무뎌지게 만들어야 한다. 막상 시도해보면 아무것도 아니라는 것을 알게 될 것이다.

시작이 반이라고 한다. 시작하는 것 자체가 큰 의미가 있다. 하다 보면 언젠가 두근대던 심장 박동은 사라지고, 연락에 능숙해져 있는 자신을 발견할 수 있다.

무조건 성공하는
업체 컨택 공식

업체와 컨택하는 수단에 대해서 알아봤다면 이제는 실제로 컨택을 시도해봐야 한다. 컨택 절차를 살펴보자.

먼저 공동구매 가능 여부를 물어본다. 이후 업체에서 '공동구매 진행이 가능하다'라는 답장이 오면 이어서 우리에게 수수료 등의 조건을 물어볼 것이다. 일단 그것들을 조율하기 전에 샘플 요청을 해서 샘플을 받아보자. 업체에서 샘플을 준다고 하면 주소를 알려주고 상품을 받아본 뒤 내가 공동구매를 진행해도 좋을지 결정한 후에 조건을 조율한다. 이제 상세하게 알아보도록 하자.

컨택 메시지 작성법

안녕하세요 ^^ 인스타 인플루언서 @happy_panda_stroy입니다. 현재 배도라지즙, 곰탕, 잔기지떡 등을 공구했고 1월에도 공동구매가 계속 진행될 예정입니다. 좋아요 평균 200개 이상이고, 팔로워들과 직접 소통하며 운영하고 있습니다.

잔기지떡 공동구매를 진행하면서 떡순이 분들이 많다는 것을 알게 되었어요~ ㅁㅁ의 앙꼬절편, 꿀떡, 바람떡을 먼저 저에게 협찬해주시고, 피드 반응 봐서 공동구매도 진행해보고 싶습니다!

전직 오픈마켓 카테고리 CM, 현재 맘카페(25만) 체험단 스태프로서 사업에 도움을 드리고 싶습니다. 제 계정 @happy_panda_story 둘러보시고 010-○○○○-○○○○으로 연락 부탁드립니다.

위 내용은 내가 실제로 업체에 보낸 톡톡문의 내용이다. 인사(안녕하세요), 자기소개(인스타 계정 @happy_panda_story입니다), 연락하는 이유(현재 인스타그램에서 공동구매를 진행하고 있는데 ○○상품으로 진행하고 싶어서 연락드리게 되었습니다), 내가 이 상품으로 공동구매를 해야 하는 이유를 설명하고, 공동구매 가능 여부(공동구매가 가능한지 답변 한번 부탁드립니다)를 물어본다.

공동구매를 해야 하는 이유를 설명하는 내용은 다음과 같다. 공동구매 게시물을 올리면 몇 명이 좋아요를 눌러주고, 댓글이 몇 개

달리며, 릴스를 올릴 때는 조회수가 어느 정도라고 언급하면서 제품에 대한 바이럴 마케팅이 가능한 계정임을 알려주면 정말 좋다. 그리고 비슷한 카테고리 상품의 공동구매 매출은 어느 정도 나왔다는 정보를 덧붙인다. 업체가 나와 공동구매를 진행했을 때 어느 정도 매출 상승과 홍보 효과를 기대할 수 있다는 신뢰감을 주면 더욱 좋다. 이후 공동구매 진행 상품별 포트폴리오를 만들어서 제안서를 보내면 효과가 있을 것이다.

공동구매가 가능하다고 업체가 답변하면 "저에게 먼저 협찬을 해주시고 반응 봐서 공동구매를 진행해보고 싶습니다"라고 회신을 보낸다. 이는 샘플을 요청하는 것이다. 공동구매는 인플루언서들의 신뢰도에 따라 판매량이 좌지우지된다는 사실을 우리는 알고 있다. 샘플을 받지 않고 그냥 공동구매를 진행한다면 어떻게든 본인이 직접 상품 상태나 맛을 확인해봐야 한다. 또 내가 소비자에게 판매하기 전에 상품에 어떤 단점이 있는지, 이것을 어떻게 보완할지, CS 처리는 어떤지 등을 미리 셀러 본인이 찾아야 한다.

이런 부분들을 확인한 후 업체와 소통하면서 업체가 셀러를 대하는 태도도 같이 살펴보자. 실제로 셀러가 공동구매를 진행하고 나서 CS가 생기더라도 업체는 셀러와 원활하게 소통할 의무가 있다. 하지만 그렇지 않은 업체들도 있기 때문에 CS를 어떻게 처리하는지 미리 확인하도록 하자.

만약 샘플 요청을 받아들이지 않는다면 그 업체와 진행하기 어럽다. 샘플을 돈 주고 사야 한다면 해당 상품으로 공동구매를 진행할 때마다, 그리고 체험단을 진행할 때마다 내 돈으로 샘플을 구매하고 진행해야 하기 때문이다. 이는 내가 판매도 하고 업체 인스타그램 홍보를 해주고 있음에도 불구하고 업체의 지원을 전혀 받지 못하는 상황이다. 이렇게 샘플을 유료로 구매할 필요가 전혀 없다.

또한 '샘플을 받고 나서 공동구매를 진행하지 않을 경우에는 협찬 게시물로 대신하게 된다'라는 문구를 꼭 써줘야 유상으로 돈을 지불하지 않을 수 있는 근거가 된다. 만약 샘플을 받고 나서 상품에 하자를 발견했는데, 업체와 소통을 해도 문제를 해결하지 못할 것으로 판단된다면 협찬 게시물을 쓰는 것으로 공동구매를 마무리한다는 문구를 업체에 고지해야 한다. 이는 샘플을 요청할 때 미리 업체와 협의가 되어야 하는 내용이다. 쌍방이 협의한 후 업체에서 샘플을 보내준다고 한다면 상품을 받아서 진행해보면 된다.

업체와 반드시 협의해야 할 소싱 조건

♡ ○ ◁   ⊡

셀러가 상품을 받아보고 공동구매 진행 의사를 알리면 업체는 공동구매 판매가격과 수수료, 상품 정보, 회사 소개가 적힌 메일을 보낼 것이다. 메일을 받고 당황하지 말자. 수동적으로 정보를 받아들이지 말고, 우리가 미리 챙기고 체크해야 할 것들을 점검하자. 업체에서 제안하는 내용들에 대한 기본적인 이해를 바탕으로 현명한 결정을 내릴 수 있어야 한다. 필요하면 업체와 직접 협의해 서로 이득을 볼 수 있는 거래를 하자. 이제부터 성공적인 소싱을 위해 따져야 하는 조건들을 자세히 이야기해보겠다.

공동구매 판매가격

먼저 공동구매 판매가격을 업체에서 정해주는지 확인한다. 제안서를 볼 때 공급가격과 수수료 그리고 공동구매 판매가격이 다 적혀 있는지를 확인해야 한다.

여기서 퀴즈를 내보겠다. 앞서 이야기한 '공동구매 판매가격 = 공급가격 + 수수료'라는 공식을 떠올리며 퀴즈를 풀어보자. 공급가격만 이야기하고 공동구매 판매가격은 셀러가 알아서 설정하라는 A업체와 공동구매 판매가격과 공급가를 정해주는 B업체가 있다. 과연 어떤 업체를 선택하는 것이 좋을까? 나는 공동구매 판매가격과 공급가격을 정해주는 B업체를 추천한다.

생각해보자. 공동구매 판매가격이 정해지지 않았다면 셀러별로 공동구매 판매가격이 다를 것이다. 그렇기에 최저가로 팔아야 한다는 압박감 때문에 다른 셀러의 판매가격을 확인해야 하는 수고로움까지 생긴다. 시간도 할애해야 하고 공동구매 판매가격까지 고민해야 한다. 판매가격을 설정하는 것은 보통 온라인 MD들이 하는 일이다. 즉 우리 같은 초보 공동구매 셀러에게는 쉬운 일이 아니다.

온라인 마켓의 상황만 봐도 이를 쉽게 이해할 수 있다. 본사나 제조사가 온라인가격과 행사가격을 정해주지 않고 공급가격만 정해준 뒤 '알아서 판매하세요'라고 하면 한 상품을 가지고 여러 위탁업체가 10원이라도 더 싸게 판매하려고 가격 경쟁을 하게 된다. 이렇게 되면 너무 가격 경쟁이 심해지므로 많은 위탁업체들이 그 상품을 판매하고 싶지 않을 것이고, 다른 상품으로 눈을 돌릴 것이다.

공동구매 세계 또한 마찬가지다. 공급가격만 정해준다면 판매 가격을 스스로 저렴하게 책정할 경우 수익이 줄어들 수밖에 없다. 이런 현상이 계속 일어나면 그 상품을 판매하는 셀러들이 서로 가격 경쟁을 할 것이다. 결국에는 셀러들은 더 이상 적은 수익을 받으며 해당 상품을 판매하려고 하지 않을 것이다. 그렇게 되면 제조사나 본사도 성장할 리가 없다. 그래서 공동구매 가격까지 제조사나 업체가 정해줘야 업체와 셀러가 동반 성장할 수 있다.

우리의 인스타그램 계정은 하나의 쇼핑몰이다. 즉 매출이 나올 수 있는 플랫폼이다. 우리 자신을 오픈마켓이나 플랫폼의 MD라고 생각해야 한다. 일반적으로 오픈마켓 프로모션을 진행할 때는 MD가 업체로부터 프로모션 제안서를 받는다. 그 제안서에는 프로모션 진행가격이 적혀 있다. 그리고 진행가격을 기준으로 MD는 가격을 조정할 수 있다.

마찬가지로 우리도 플랫폼에서 공동구매를 진행하므로 업체에 휘둘릴 필요 없이 '제안한 공동구매 판매가격'에서 진행 여부를 결정하거나 가격을 협의해야 한다. 그렇기에 업체가 공동구매 판매가격을 정했는지 꼭 확인해보자.

수수료

다음은 수수료를 조정한다. 이는 곧 내가 판매하고 가져가는 순수익을 말한다. 대부분 업체는 공급가격보다는 수수료율의 형태로 알려주는데, 1개 판매당 내 수익을 알아 낼 수 있는 '수수료율×공동구매 판매가격 = 내 수익'의 공식을 기억하자. 만약 공급가격을 알려준다면 '1 - (공급가격 / 공동구매 판매가격) = 수수료율'이 된다. 직접 소싱하더라도 상품에 따라 마진율이 적어질 수 있다. 그리고 인스타그램 DM으로 받은 제안들도 마진이 10% 내외인 경우가 많다. 그 업체가 공동구매의 형태에 대해 잘 알고 있기 때문이다. 10%라고 못을 박아버리면 받는 입장에서 수수료를 다시 제안하기가 어렵다는 사실을 업체도 안다. 그리고 대부분 인플루언서들의 공동구매 경험이 여기서 판가름나게 되어 있다.

10%의 수수료를 제안받았지만 상품이 괜찮아서 공동구매를 진행하고 싶다면 수수료율을 조정할 수 있는지를 물어보는 것이 좋다. 내가 현재 제안하는 수수료율은 30%다. 처음부터 수수료율을 30%로 업체에 제안한다면 업체는 공동구매 진행을 안 할 것이다. 공동구매 경험을 쌓고 업체와 협상을 해서 제시한 수수료율보다는 더 높게 받아갈 수 있도록 유도하자. 카테고리별 적정한 수수료율은 식품의 경우 20%, 건강기능식품은 30~40%, 뷰티는 35~50%라는 점을 알아두자.

다른 곳과 공동구매 기간이 겹치는지

자신의 공동구매 기간에 다른 쇼핑몰이나 인플루언서들의 공동구매 기간과 겹치는지도 이때 확인해야 한다. 11번가 쇼킹딜과 위메프에서 투데이 특가를 같은 날에 프로모션을 진행한다는 건 있을수 없는 일이다. 만약 같은 날, 같은 상품이 각각의 플랫폼에서 행사를 진행한다면 앞으로 그 업체는 11번가와 위메프에서 딜을 진행하기 어려울 것이다. 그래서 업체 온라인 MD들은 각 플랫폼에 다른 날짜로 프로모션 제안을 하는 것이 의례다.

우리 인플루언서들의 공동구매도 마찬가지다. 업체는 인플루언서의 인스타그램 계정을 또 다른 매출을 낳게 하는 하나의 플랫폼이라고 생각한다고 언급했다. 그래서 설령 모르는 인플루언서들이 공동구매를 할 예정이라고 할지라도 일정이 겹치는지 확인해야한다.

또한 지마켓 같은 곳에서 프로모션 진행을 같은 날에 하는 경우공동구매 판매가격보다 지마켓 프로모션 가격이 더 저렴하면 공동구매는 망하게 된다. 그래서 날짜가 겹치지 않도록 꼭 확인을 해야한다.

업체에서 먼저 공동구매 기간을 겹치지 않게 정해주는 경우도있지만, 보통 업체는 셀러들의 공동구매 기간이 겹치더라도 상관없다고 생각하는 경향이 있다. 한 예로 A 상품을 소싱했던 수강생이 공동구매를 진행하는 당일 위메프에서 프로모션을 진행한 것을 알게 되어 완전히 망했던 사례가 있다. 이렇듯 업체는 먼저 다른 플랫폼에서 프로모션하는 기간이나 셀러들의 공동구매 기간이 겹친다는 것을 먼저 이야기하지 않는다. 그렇기에 셀러가 직접 공동구매 기간이 겹치지 않는지 업체에 물어봐야 한다.

CS 및 교환 처리

CS 및 교환 건은 잘 처리해주는지 꼭 확인해야 한다. 여러 번 강조하지만, 그만큼 중요한 내용이다. 보통 상품의 하자가 있으면 고객에게 하자를 확인할 수 있는 사진을 전달받아 업체에 넘기고 조치를 취하는 것이 보통이다. 그렇기 때문에 공동구매를 진행하기 전 샘플을 받아 혹시라도 하자가 있는지, 하자가 있을 만한 사항에 대해 미리 이야기하고 CS에 대한 사항을 미리 확인해야 한다.

예를 들어 공동구매 상품이 배송되었는데 아이스팩이 터져서 왔다고 가정했을 때 어떻게 대처 해야 할지 고민해보자. 이런 경우는 해당 상품이 터진 것이 아니므로 교환이나 반품이 불가능하다. 상품이 터졌을 때는 당연히 교환이나 반품이 가능하다. 만약 CS를 진행한다면 꼭 사진을 전달받아서 업체 담당자에게 사진을 공유한다. 업체 담당자도 웬만하면 우리가 인친과의 신뢰로 공동구매를 하는 것을 알고 있기 때문에 잘 처리해주려고 하니 CS와 관련한 이야기를 너무 피하거나 걱정하지 않아도 된다.

결제페이지

결제페이지는 업체가 직접 만들어서 셀러에게 전달해주는지, 아니면 셀러 본인이 만들어야 하는지 결정해야 한다. 각각 장단점이 있다. 업체가 만들어준 결제페이지로 주문을 받으면 셀러가 결제 수수료를 부담할 필요가 없다는 장점이 있다. 그리고 업체가 결제 확인을 하는 즉시 상품을 보내주니 편하다. 하지만 셀러가 실시간으로 판매 이력을 확인하지 못해 답답하다는 단점이 있다.

한편 직접 결제페이지를 만들어서 진행하는 경우 카드 수수료 같은 결제 수단 수수료를 본인이 부담해야 한다. 또 주문 리스트를 직접 만들어서 업체에 전달해야 하는 수고스러움이 있다. 업체에서도 운송장 번호를 받아 업로드하는 수고스러움을 감당해야 한다.

이러한 불편함이 있지만 장점도 있다. 내가 만든 결제페이지를 사용하면 실시간으로 판매 현황을 파악하고 그 데이터를 활용해 게시물을 만들 수 있다. 예를 들어 많이 구매하는 구성을 확인해서 상품 선택을 고민하는 사람들에게 도움을 주는 게시물을 만들 수 있다.

결제는 구글 폼, 쇼핑몰, 페이시스템에서 운영할 수 있는데 이는 이번 장의 'DM으로 결제하는 시대는 끝났다'에서 자세히 살펴보도록 하겠다.

정산 시기와 정산 방식

마지막으로 정산은 언제 받을 수 있는지, 몇 %의 세금을 떼고 받는지를 확인해야 한다. 업체 쇼핑몰 링크로 모든 결제 금액이 넘어간다면 언제 정산이 되는지 확인하자. 대부분 다음 달 10일 아니면 25일, 판매가 끝난 후 2주일 후가 정산 시기다. 업체는 셀러가 판매한 상품의 판매 수익에서 3.3%의 세금만 떼고 정산해주고 있다. 사업자등록증이 있다면 내가 받은 순수익에 대해 현금영수증 처리나 세금계산서를 발행하면 된다.

문제를 한번 풀어보자. 공동구매를 진행하는 상품의 가격이 1만 원, 수수료는 20%, 판매 개수는 200개라면(결제는 업체 쇼핑몰에서 진행한다) 내가 가져갈 순수익은 얼마일까? '1만 원×200개×0.2×(1-0.033)=40만 원×0.967=38만 6,800원'이다. 업체에서 진행할 경우 이렇게 계산해서 올바로 입금이 되었는지 확인하면 된다.

결제를 업체에서 진행한다면 주의할 점이 있다. 업체 쇼핑몰을

　　　　　　　　　　　　　3장 MD 출신이 전하는 소싱 노하우

이용하면 3.3% 부가세만 떼는 게 아니라 최대 10% 정도의 수수료를 떼는 경우도 있다. 우리 수강생 중 한 분이 수수료 계산이 이상해서 내게 대금 영수증을 보여주었다. 살펴보니 전체 판매 대금에서 10%를 제외하고 판매 수익을 계산한 후 거기서 3.3%를 뗐다. 알고 보니 10%는 카드 수수료라고 했다. 이러한 사실을 공동구매 진행 전에 알려주지 않고 3.3%만 뗀다고 했는데 말이다. 그리고 카드 수수료는 셀러가 아니라 업체가 부담하는 게 맞다.

판매 링크를 내 스마트스토어에서 진행할 때 나오는 수수료를 계산해보겠다. 스마트스토어 결제 수수료는 3.63%다. 배송 완료 후 40만 원이라는 판매 수익을 제외하고 모두 업체에 주면 된다. 물론 배송비를 받았다면 그것도 같이 줘야 한다. 이때 내 순수익은 '1만 원×200개×0.2×(1-0.0363)=40만 원×0.9637=38만 5,480원'이 다.

B2B 관계임을 증명하는
계약서 파헤치기

공동구매 진행 시 업체와 셀러의 관계는 B2C(기업과 소비자 간의 거래 관계)가 아니라 B2B(기업과 기업 간의 거래 관계) 관계라고 봐야 한다. 그래서 계약서는 필수다(물론 계약을 진행하지 않는 경우도 있다).

여기서 제시한 내용은 내가 진행했던 공동구매 계약서의 문장 중 일부를 발췌한 것이다. 그중 '갑'은 업체, '을'은 셀러를 뜻한다(업체에 따라 갑은 셀러, 을은 업체가 되기도 한다).

먼저 용역의 내용을 알아보겠다.

"을은 상품의 판매를 위해 갑이 거래하는 결제 시스템을 연동해 사용하는 데 동의하고 이에 협조한다."

이 문장은 업체 쇼핑몰 결제페이지를 통해 결제한다는 뜻이다.

"을은 갑과 사전에 협의한 공동구매 기간에만 고객에게 제품을 배송할 수 있으며, 갑은 협의하지 않은 발주 및 출고 요청을 거절할 수 있다."

이 문장은 협의하지 않은 기간에 상품이 판매되면 발주 및 출고 요청이 거절될 수 있다는 뜻이다. 보통 공동구매 기간에만 URL이 열려 있다.

간혹 공동구매 기간이 끝났음에도 상품이 판매되는 경우가 있는데, 이때 업체에서 출고를 안 해줄 수도 있고, 판매가 되어 배송이 되더라도 내 수수료로 정산이 안 될 수도 있다는 내용이 계약서에 포함되어 있다. 그렇기 때문에 고객이 공동구매 기간 이후에 상품을 구매하고 싶다고 이야기하면 즉시 업체에 물어보고 배송 요청과 함께 내 판매 수익으로 정산할 수 있도록 해야 한다. 어떤 업체에서 배송은 되지만 공동구매 기간이 끝났으므로 판매 수익에 포함되지 않는다고 해서 굉장히 속상해한 수강생이 있었다.

"을은 갑의 상품을 온라인 SNS인 인스타그램에서만 판매해야 한다. 단,

네이버 블로그로 진행할 경우에는 '검색 비허용'으로 한다. 을의 귀책사유와 무관하게 해당 블로그 노출이 갑에 의해 확인되었을 때는 즉각 수정 조치를 취해야 한다."

판매 장소 및 주체 부분을 살펴보겠다. 이 부분에서 인스타그램 공동구매가 폐쇄몰의 성격을 띤다는 점을 유추할 수 있다. 간혹 인친보다 블로그 이웃이 더 많아서 판매 장소로 인스타그램과 블로그를 원하는 경우가 있다. 검색 비허용을 체크하지 않아 해당 공동구매 상품을 네이버 포털에서 검색했을 때 상품 가격이 노출되어 다음 공동구매를 진행하지 못했던 적이 있으니 참고하길 바란다.

"갑은 공동구매 종료 후 판매 현황을 을에게 제출한다."

업체 결제페이지를 사용하면 공동구매 주문 현황을 실시간으로 확인할 수가 없다. 공동구매 종료 후에 판매 현황을 알려주기도 하는데, 판매 진행 중에도 판매 현황을 업체에 물어볼 수 있다. 셀러들이 간혹 판매개수를 물어보는 것 자체를 어려워하는 경향이 있다. 물론 판매가 얼마 되지 않았을 때는 부끄러움 때문일 수도 있지만, 대부분은 업체 담당자와의 소통을 어려워하기 때문이다. 업체는 판매 현황을 알려줄 의무가 있으므로 어려워하지 말고 물어봐도 괜찮다.

"공동구매 종료 후 산정된 금액에 대한 지출 증빙용으로 현금영수증을 발행한다."

이는 사업자등록증이 있는 셀러에게 요청하는 내용이다. 이럴 경우는 3.3% 부가세를 떼지 않고 수익을 받은 후 세금계산서를 셀러가 업체를 상대로 발행한다. 간이과세면 현금영수증을, 일반과세면 세금계산서를 발행한다.

"공동구매 종료 후 익월 10일까지 을에게 대금을 지급한다."

이 내용은 늦어도 정산 날짜를 기준으로 익월 10일에는 대금을 받을 수 있다는 뜻이다. 만약 이 날짜까지 대금을 주지 않으면 업체 담당자에게 이야기해서 받으면 된다. 정산 날짜는 업체마다 다르니 꼭 확인하길 바란다.

"유상 샘플 정산 시 최소 옵션 공급가격을 기준으로 산정한다."

이 문장은 약간 오해의 소지가 있다. 처음에 제공받은 샘플도 유상으로 진행하는 것인지 궁금해서 업체에 물어봤는데, 최초 받은 샘플은 무료이고 그 이후로 추가 구매를 할 경우는 공급가격 기준으로 산정된다고 답했다. 조금이라도 내가 생각했던 것과 다르다면 바로 업체에 질문해서 정확한 답변을 받아야 한다.

"갑이 결제 시스템의 결제 수수료 비용을 부담한다."

이는 결제 수수료 부담은 업체가 부담한다는 뜻이다. 이렇게 결제 시스템을 제공할 경우 결제 수수료는 대부분 업체가 부담한다. 몇몇 업체가 간혹 결제 수수료를 셀러에게 부담하게 하는 경우가 있으니 이 부분은 꼭 알아두길 바란다.

"판매된 상품이 구매자의 단순 변심으로 반품된 경우 업체가 배송료 등 이에 소요되는 비용을 처리하기로 한다."

이 문장은 구매자가 단순 변심으로 반품하는 경우 업체가 배송비를 부담한다는 것을 나타낸다.

"본 계약서 조항의 해석에 관해 갑과 을 상호 간에 이의가 있거나, 본 계약서에 명시되지 않은 사항에 관해서는 대한민국 상법 및 상관습에 의한다. 본 계약에 관해 발생하는 쌍방 당사자 간의 분쟁은 갑의 소재지를 관할하는 법원을 1심 법원으로 정해 해결하기로 한다."

이 계약서는 법적으로 효력이 있다는 것을 보여준다. 그리고 업체와의 관계가 B2C가 아닌 B2B라는 것도 여기서 알 수 있다.

이처럼 계약서를 꼼꼼히 살펴보고 조금이라도 이상한 부분이 있거나 납득이 안 되는 부분은 바로 담당자와 함께 조율하며 진행하길 바란다.

소비 심리를 자극하는
체험단 활용하기

앞서 이야기한 사항과 조건을 업체와 조율한 후에 공동구매를 진행하기로 결정했다면, 바로 체험단을 활용해서 바이럴 마케팅을 진행하는 것이 좋다. 우리는 어떤 상품을 구매하기 전에 네이버나 인스타그램으로 해당 상품의 구매 후기를 확인해본다. 블로그에 게시된 구매 후기를 보면 맨 아래에 이런 문구가 종종 있을 것이다. "본 포스팅은 ○○체험단에 선정되어 ○○을 통해 상품을 무상으로 제공받아 작성된 후기입니다." 이 문구를 보는 순간 처음엔 짜고 치는 고스톱 아닌가 하는 생각이 들었다. 그도 그럴 것이 상품을 무료로 제공받으면 누구나 후기를 좋게 써줄 것이기 때문이다.

그런데 우리는 왜 상품을 무료로 제공받고 쓴 후기를 찾아볼까? 바로 공감 때문이다. 판매자가 상품의 장점을 열심히 설명한다고 해서 우리는 그 상품을 사고 싶을까? 그렇지 않다. 예비 구매자들은 절대 섣불리 상품을 구매하지 않는다. 판매자가 상품의 장점을 설명해도 결국 같은 구매자의 입장에서 말하지 않기 때문에 구매자의 입장에서 상품에 대해 객관적으로 설명해주는 사람이 필요하다. 그래서 공동구매 하기 전 미리 체험단을 진행해 구매자의 입장에서 작성한 후기를 예비 구매자들에게 보여줘야 한다. 체험단의 후기를 읽고 예비 구매자가 공감해서 구매 필요성을 느낀다면 바이럴 마케팅은 성공한 것이다.

업체에 체험단 진행 요청하는 방법

나는 공동구매 시작 전 항상 체험단을 진행했다. 모든 업체들이 홍보가 잘되니 정말 좋아했다. 협찬의 경우 게시물 1개당 최소 5만 원이 든다. 네이버 맘카페에서도 체험단 진행 시 최소 10만 원의 비용이 발생하는데(카페 규모에 따라 다르다), 인스타그램에서 공동구매하면 무료로 셀러가 알아서 체험단을 모집하고 후기 관리까지 한다니 일거양득이다. 셀러는 체험단을 통해 팔로워를 늘리고,

자연히 노출이 확산되고, 공동구매 판매에도 도움이 된다. 체험단 진행은 장점만 있다고 생각할 정도로 좋은 점이 많다.

업체에는 이렇게 말하면 된다. "공동구매 전에 바이럴 효과를 위해 체험단을 진행해보고 싶습니다. 공동구매 상품으로 5명 정도 진행해보고 싶은데 가능할까요?"라고 구체적으로 인원과 상품에 대해서 말한다. 공동구매 기간은 예를 들어 4월 1일에 진행한다면 체험단 진행은 적어도 10일 전인 3월 20일쯤 진행하는 것이 좋다. 인원은 5명으로 업체나 셀러 모두에게 부담되지 않은 숫자다. 상품은 공동구매 진행 상품을 전부 진행하는 것보다 절반 정도만 진행할 수 있다면 좋다. 체험단 또한 소비자다. 그렇기 때문에 너무 많은 상품을 제공하면 공동구매 기간에 구매를 안 하는 소비자가 생길 수 있으니 상품 구성에 대해서는 고민해보는 것이 좋다. 체험단을 진행하는 데 긍정적인 반응이라면 이후 체험단 진행 날짜와 인원, 체험단 상품에 대해 제안한다. 아마 제안 내용을 그대로 받아들일 것이다.

체험단 게시물 작성하기

체험단 게시물은 왜 이 상품을 체험해봐야 하는지에 대한 설명, 상품 설명, 체험단 안내, 이렇게 크게 3가지 내용으로 나눌 수 있다.

앞서 공동구매 게시물을 올릴 때 내 공동구매 상품을 사야 한다는 당위성을 제시하기 위해 기존 상품에 대한 불만을 처음 부분에 쓰라고 했는데, 체험단 서두에도 이런 부분을 언급해서 읽는 사람의 공감을 얻을 수 있어야 한다. 상품 설명은 상세페이지에서 셀링포인트를 뽑아내 가독성 있게 표현한다. 이런 설명이 있으면 나중에 공동구매 시 구매를 결정하는 시간을 줄일 수 있다.

체험단 모집 안내는 상품 구성, 모집 인원, 응모 조건, 응모 기간, 응모 마감일, 발표, 가이드 안내 순서로 진행한다. 응모 조건은 자신의 계정 팔로우, 체험단 게시물 좋아요, 친구 소환 3명 이상을 필수 조건으로 하며 리그램은 선택 조건으로 해주는 것이 좋다. 본인의 게시물 성격이 망가진다 생각해서 리그램을 고집한다면 응모율이 떨어질 수 있는 점을 알아두길 바란다. 게시물 리그램 대신 스토리로 리그램을 하는 것은 좋다.

응모 기간은 2일이면 충분하다. 기간을 일주일 정도로 잡으면 늘어질 가능성이 있다. 그리고 일주일에 한 번 정도 게시물을 올리는 사람이 당첨된다면 후기 게시물을 써야 한다는 사실을 잊어버리고 안 쓸 수도 있다. 그래서 즉각 반응을 볼 수 있는 기간이 딱 2일이라고 생각한다. 발표 날짜를 정하고 발표 게시물도 잊지 않고 약속대로 올린다.

가이드 안내는 굳이 게시물로 할 필요 없고, DM으로 알려주는 것이 좋다. 가이드를 줄 때 이 상품의 셀링포인트를 잡아서 가이드를 준다면 후기를 작성할 때 큰 도움이 된다. 순수하게 고객의 평가가 필요하다면 가이드는 주지 않아도 상관없다. 가이드 작성법은 뒤에서 설명하겠다. 다음은 체험단 모집 안내 관련 예시다.

체험단 모집 안내

1. 상품: 약밥 6개

2. 인원: 5명

3. 신청 조건: @happy_panda_story 팔로우 및 게시물 좋아요와 함께 친구 3명 이상 소환해주세요. 제 게시물 리그램해주시면 당첨 확률 up! (스토리 리그램도 ok!)

4. 응모 기간: 4월 26~27일 단 2일간

5. 발표: 4월 28일 오후

6. 가이드: 개별 DM으로 안내

체험단 선정 방법

체험단 선정은 절대 뽑기로 진행하지 않아야 한다. 체험단은 나를 대신해서 상품 홍보를 해줄 수 있는 사람이다. 그렇기에 어떤 인스타그램 계정이 내 상품을 잘 홍보할 수 있을지에 대해 깊은 고민을 해봐야 한다. 아마 한 번쯤 소통했던 인친들 중에 '이분한테 내 상품 협찬을 맡기고 싶다'라는 생각이 들었던 인친이 있었을 것이다. 맛있게, 매력 있게, 사고 싶게 만드는 인친의 게시물을 보면 '내 상품도 이렇게 홍보를 잘해주겠지'라는 생각이 절로 든다. 그리고 그런 게시물에는 인친들의 '왁자지껄함'이 느껴지지 않는가?

이 왁자지껄함은 팔로워 수, 좋아요 수, 댓글 수를 보고 느낄 수 있다. 왁자지껄한 계정은 인스타그램 게시물에 많은 이가 들어오기 때문에 상품 홍보가 잘 되는 계정이다. 이들은 어떻게 하면 상품의 매력을 돋보이게 하며 팔리게 하는지를 감각적으로 잘 알고 있다. 특히 게시물에 들어가는 사진이나 영상에 신경 쓰는 사람이라면 꼭 체험단으로 선정하는 게 좋다. 그 외에 내돈내산 후기를 어떻게 작성하는지, 게시물에 솔직한 후기를 올리는지, 상품에 대해 질문을 하면 대댓글을 잘 달아주는지 등을 살펴보면 된다.

체험단 가이드

체험단에 당첨된 사람들에게는 체험단 가이드를 보내야 한다. 알아서 후기를 잘 작성하는 사람들을 보면 셀링포인트를 잘 잡아서 영상도 올리고, 캡션도 잘 작성한다. 하지만 익숙하지 않거나 가이드가 없으면 후기를 어떻게 작성해야 하는지 모르는 경우도 있으므로 어떤 셀링포인트로 상품을 판매하려고 하는지 가이드를 준다면 본인이 의도한 방향으로 게시물 작성이 될 것이다. 가이드 내용에는 후기 작성 기한, 게시물 안에 있어야 하는 필수 영상이나 사진, 그리고 내용들을 포함시킨다. 이때 공동구매 기간과 공동구매가 진행되는 계정에 대한 문구는 꼭 남겨서 이를 확인한 사람들이 공동구매 기간에 유입될 수 있도록 하자.

가장 중요한 것은 체험단 게시물 작성 기한이다. 공동구매 시작일부터 끝나기 하루 전까지 게시물을 써야 제대로 유입이 된다. 공동구매 전까지 쓰게도 해보고, 공동구매 전부터 공동구매 진행 날까지 쓰게도 하면서 여러 테스트를 해봤는데, 결과적으로 공동구매 진행하는 날에 게시물을 올리는 것이 유입과 판매에 도움이 된다는 사실을 알게 되었다.

가이드 예시

1. 필수 사진이나 영상

  – 버튼 조작 방법 또는 어두울 때 조명 켠 상태에서 가습기 작동하는
    모습

2. 필수 작성 내용

  – 무선이고 손잡이가 있어 이동성이 좋음

  – 어두울 때 LED 무드 등으로 사용 가능한 점

  – 미니 가습기지만 분무력이 좋음

  – 캠핑에서의 텐트 안이나 아이들의 방 또는 차박할 때 차 안에서 사

용하기 유용한 상품

– 그 외 느낀 점을 솔직하게 작성

3. 공구 기간과 공구 계정 작성

3월 3~8일까지 @happy_panda_story에서 공구 진행!

4. 후기 작성 기한: 3월 3~7일까지 기간에 맞춰서 올려주세요!

5. 참고 URL

6. 사람 태그 부탁드립니다.

* 미니 가습기로 좋은 영상과 사진 부탁드립니다.

DM으로 주문하는
시대는 끝났다

초창기 공동구매는 DM으로 얼마인지 물어봤고, 택배 정보나 계좌 정보 등도 모두 DM으로 받았다. 그러다 보니 DM을 매번 찾아서 검토하기도 힘들고 고객 관리가 어려웠을 것이다. DM으로 결제를 진행해보진 않았지만 생각만 해도 서로 피곤하고 힘들었을 것 같다.

이제 DM으로 공동구매를 주문하는 시대는 끝났다. 물론 아직도 DM으로 진행하는 셀러도 있지만 지금부터는 조금 더 스마트하게 공동구매 주문을 해보자.

공동구매 주문하는 방법 3가지

공동구매 주문하는 방법은 구글 폼, 업체 쇼핑몰 링크, 셀러 페이시스템, 이렇게 3가지로 나눌 수 있다.

구글 폼

먼저 구글 폼은 인스타그램 계정을 구글 폼 질문에 작성하게 함으로써 어떤 인친이 구매했는지 알 수 있다. 그래서 나중에 고객 관리에 용이하다. 직접 현금으로 받기 때문에 업체와 거래할 때 공급가격을 확인한 후 운송장을 받으면 그때 공급가격만 보내면 된다. 내 계좌로 직접 돈을 받기 때문에 수수료가 들지 않는다. 하지만 카드 계산이 되지 않기에 공동구매 판매가격이 5만 원 이하일 때 구글 폼으로 진행하는 것을 추천한다.

업체 쇼핑몰 링크

업체 쇼핑몰 링크를 사용하면 발주서를 넘기거나 운송장을 받아서 인친에게 안내하는 등의 수고가 줄어든다는 장점이 있다. 하지만 모든 돈이 업체에 전달되기 때문에 정산 날짜나 정산 수수료 같은 내용들은 꼭 업체에 물어봐야 한다.

그리고 판매량에 대한 크로스 체크가 쉽지 않다. 업체에서 보내줘야 확인이 가능하므로 매일매일 얼마나 팔렸는지 정확하게 알 수 없다. 업체에서 확인해준 판매량을 믿을 수밖에 없다. 그리고 인스타그램 계정에 대한 정보를 쓰지 않기 때문에 이름과 계정 이름의 매칭이 쉽지 않다.

셀러의 페이시스템

마지막으로 셀러가 페이시스템을 이용하는 것이다. 블로그페이, 스룩페이 등의 페이시스템을 이용하는 경우나 본인 스마트스토어를 이용하는 경우가 해당된다. 업체에서 쇼핑몰 링크를 주지 않거나 내가 직접 돈을 받아야 한다면 현금뿐만 아니라 카드 결제를 할 수 있게 해주는 페이시스템을 이용하는 것이다. 카드로 결제가 되는 점은 좋지만, 대신 카드 수수료, 계좌이체 수수료 등의 수수료가 발생하니 하나씩 확인하고 진행하길 바란다.

● 공동구매 주문하는 방법

구분	구글 폼	업체 쇼핑몰 링크	페이시스템
인친 관리	○	×	×
카드 계산	×	○	○
수수료	×	○	○
업체와 공급가 크로스 체크	○	×	○

주문을 위한 구글 폼을 만들어보자

나만의 쇼핑몰이 없거나 업체가 링크를 주지 않는다면 구글 폼이나 네이버 폼을 이용하면 된다. 계좌이체로만 진행이 가능하고 추후에 세금신고를 꼭 해야 한다는 점을 잊지 말자. 구글 폼을 먼저 사용해본 수강생이 "구글 폼 만들긴 귀찮고 불편하지만 어떤 인친이 구매했는지 확인이 가능하고 바로바로 얼마나 판매가 되었는지 확인이 되니 좋았다. 업체 쇼핑몰 링크를 받아 진행할 때는 이런 점이 해소되지 않아 답답했었다"라는 피드백을 남겼다.

업체 쇼핑몰 링크나 페이시스템으로 수수료를 빼기 싫을 때, 업체가 작아서 쇼핑몰 결제페이지를 받지 못한다면 구글 폼을 이용하자. 지금부터 구글 폼을 어떻게 만드는지, 어떤 내용이 들어가면 좋을지 알아보겠다.

구글 검색창에서 '구글 설문지'라고 검색한다. 그 후 '구글 폼(Google Forms): 로그인'을 클릭한다. 그러면 제목 없는 설문지가 뜬다. 제목에는 어떤 상품을 공동구매할지, 어떤 날짜에 진행하는지를 입력한다. 내용 부분에는 상품 설명과 공동구매 관련 안내, 옵션과 가격, 배송 관련 정보(제주·산간 지방은 배송비 별도인지, 익일 혹은 일괄 배송인지), 그리고 가장 중요한 계좌 정보를 입력한다.

질문 내용에는 인스타그램 계정 정보, 입금주, 상품 받을 주소, 연락처, 상품 구성 선택, 입금할 상품 가격, 입금 여부 체크를 입력

인스타계정 예)@happy_panda_story		🖼	≡ 단답형 ▾
단답형 텍스트			

📋 🗑 필수 ⬤ ⋮

입금주 *

단답형 텍스트

주소 *

장문형 텍스트

우편번호 *

단답형 텍스트

연락처(예) 010-0000-0000 하이픈 넣어주세요^^) *

단답형 텍스트

한다. 인스타그램 계정을 쓰는 이유는 인친들과의 소통 목적도 있지만 연락처나 입금 가격이 다를 경우 DM을 보내기 위한 목적도 있다. 또한 인스타그램을 통해서 구매를 했으므로 계정을 알아야 인친들과의 소통이 더 원활할 수 있다. 추가로, 연락처는 "꼭 하이픈을 넣어서 적어주세요"라고 써놓는다. 이런 문구가 없다면 숫자를 연속으로 쓰는 실수를 막을 수 있다.

상품을 선택해주세요 ▣ ⦿ 객관식 질문 ▾

○ 3팩 -21500원 (무료배송) ✕

○ 5팩-32600원(무료배송) ✕

○ 8팩-51500원 (무료배송) ✕

○ 옵션 추가 또는 '기타' 추가

⧉ 🗑 | 필수 ●: ⋮

떡을 선택해주세요 (위에 선택하신 갯수대로 선택해주시면 ▣ ☑ 체크박스 ▾
됩니다^^- 중복 선택 가능!)

☐ 쌀떡 보통맛 1팩 ✕

☐ 쌀떡 보통맛 2팩 ✕

☐ 쌀떡 보통맛 3팩 ✕

☐ 쌀떡 매운맛 1팩 ✕

☐ 쌀떡 매운맛 2팩 ✕

☐ 쌀떡 매운맛 3팩 ✕

입금액 무료배송 (3팩-21500원, 5팩 32600원, 8팩 51500원 *

단답형 텍스트

입금여부 - 하나은행 .

○ 네, 입금하였습니다.

○ 아니요, 아직 못했어요

답변 형식 설정은 인스타그램 계정, 입금주, 연락처는 단답형으로 설정하고 주소는 장문형으로 한다.

상품 구성은 원하는 것을 '선택'할 수 있도록 해야 한다. '객관식 질문'을 선택하면 하나만 선택이 가능하고, '체크박스' 부분을 선택하면 중복으로 선택이 가능하기 때문에 적절한 것으로 정해서 사용한다. 쇼핑몰 결제페이지처럼 알아서 결제 금액이 얼마라고 알려주지 않으므로 결제할 금액을 미리 계산할 수 있도록 한다. 본인 계좌를 다시 한번 기재하면서 설문지를 작성하기 전에 송금을 완료하도록 유도하는 질문을 넣는 것이 좋다.

이렇게 만들어진 구글 폼 URL의 오른쪽 상단에 있는 '보내기' 버튼이나 종이비행기 모양의 버튼을 클릭한다. 그러면 작은 창이 뜨는데 편지 버튼 옆에 클립 버튼이 있다. 클립 모양을 클릭하면 링크를 확인할 수 있는데, 밑에 있는 URL 단축을 체크한 후 복사 버튼을 눌러 복사한다. 내 인스타그램 계정 홈에서 '프로필 편집'을 클릭하면 보이는 웹사이트 부분에 링크를 붙여넣은 후 제출을 클

릭하면 프로필 하단에 링크가 생성된다.

마지막으로 발주서를 업체에 전달하는 방법을 설명하고자 한다. 해당 상품의 구글 폼을 열면 질문 탭 옆에 '응답' 탭이 있다. '응답' 탭 클릭 후 오른쪽의 스프레드시트를 나타내는 초록색 네모를 클릭한다. 그러면 엑셀파일처럼 구글 스프레드시트로 변환이 된다. 이를 모두 전체 선택하거나 필요한 부분만 복사해서 본인 컴퓨터의 엑셀 새 문서에 붙여 넣는다. 구글 폼에서 질문사항을 첫 행에 입력해 보기 좋게 정리한다. 연락처와 상품이 제대로 선택되었는지, 그 상품의 금액이 정확히 내 계좌에 입금되었는지 확인하고 저장한다. 저장할 때 파일명은 '날짜_계정 이름 + 업체명 + 발주서' 형태에 맞춰 만든다. '0323_happy_panda_story_아스토니쉬세정제 주문서' 와 같이 파일명을 작성해서 업체에 메일로 전송한다.

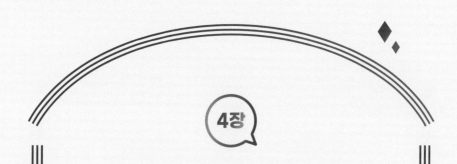

4장

인스타마켓 초보자가
자주 하는 질문

이번 장에서는 인스타마켓을 운영하면서 생기는 고민거리에 대해 알아보도록 하겠다. 대부분 공동구매를 진행해본 초보자들이 혼자 끙끙 앓다가 답답한 심정으로 물어볼 법한 질문을 추렸다. 그래서 모두 한 번쯤은 고민해볼 질문들이고, 이번 장의 내용이 분명 사이다 같은 답변이 될 것이라고 생각한다.

사업자등록증 없이
인스타마켓을 진행해도 될까요?

>  "40대 초반, 팔로워를 1,000명 보유하고 있어요. 공동구매가 고객에게 상품을 판매하는 행위이다 보니 사업자등록증이 있어야 할 것 같은데, 사업자등록증 없이도 인스타마켓을 진행해도 되는지 궁금해요."

온라인상에서 상품을 판매하려면 무조건 사업자등록증과 통신판매업신고증 2가지가 모두 준비되어 있어야 한다. 1~2년 전 공동구매 셀러의 탈세가 심하다는 이유로 사업자등록증 업종코드가 "SNS마켓"(525104)이라는 이름으로 신설되었다. 따라서 공동구매를 꾸준히 진행하려면 사업자등록증과 통신판매업신고증을 꼭 만들어야 한다. 사업자등록증은 일반과세와 간이과세로 나눌 수 있는데, 만약 간이과세라면 통신판매업신고증은 없어도 된다.

사업자등록증이 없어도 진행 가능한 경우가 있다. 공동구매 플랫폼을 이용해 인스타마켓을 진행할 때 사업자등록증이 없으면 판매자를 프리랜서로 간주해 사업소득으로 세무 처리를 하기 위해 3.3%의 세금(소득세 3%+지방소득세 0.3%)을 공제한다. 이 같은 경우 다음 해 5월 종합소득세 신고만 따로 하면 된다. 업체와 직접 거래할 때도 3.3%의 세금을 떼고 진행할 수 있다. 여기서 주의해야 할 점은 3.3%가 아닌 카드 수수료 등 각종 수수료를 부가해 더 높은 금액을 뗄 수 있으니 꼭 확인해야 한다는 것이다.

반드시 사업자등록증이 있어야 진행 가능한 경우도 있다. 블로그페이나 스룩페이처럼 페이시스템을 이용할 때는 사업자등록증이 있어야 한다. 그리고 업체와 직접 거래할 때도 사업자등록증이 필요할 수 있는데, 세금계산서나 현금영수증 발행을 요구하는 경우가 수수료 3.3%를 떼는 경우보다 더 많기 때문이다. 네이버 스마트스토어 진입도 마찬가지다. 초반에는 사업자등록증 없이도 진입이 가능한데 거래 건수 20건 이상, 연 매출 1,200만 원 이상이 되면 네이버에서 사업자등록을 하라고 연락이 온다.

내가 하고 싶은 조언은, 공동구매를 초반에 5번 정도 진행해보고 꾸준히 하거나 나중에 스마트스토어를 시작할 계획이 있다면 사업자등록증과 통신판매업신고증을 꼭 발급받으라는 것이다. 만약 처음 5번의 공동구매로 매출이 발생했다면 종합소득세 신고는 당연히 해야 한다.

팔로워가 적은데
공동구매 해도 될까요?

> 😊 "팔로워가 500명 정도 돼요. 공동구매를 시작하고 싶은데 매출이 안 나올까 봐 걱정돼요. 팔로워를 1,000명 정도 만들어놓고 공동구매를 진행해야 할까요? 언제쯤 제가 공동구매를 시작하면 좋을지 조언해주세요."

많은 사람이 공동구매를 시작하고 싶지만, 언제 해야 할지 몰라 고민한다. '공동구매는 팔로워 3,000명 정도 되면 해봐야겠다!'라는 기준을 정한 인스타그래머가 열심히 팔로워 수를 늘리다가 금세 제풀에 꺾여 인스타그램을 아예 그만두는 모습도 봤다. 아직 공동구매를 경험해보지도 못 했는데 본인이 정한 기준에 못 미쳐 포기한다면 나로서는 조금 안타깝다. 이런 상황이 더 이상 일어나지 않길 바라면서 다음 3가지를 조언하겠다.

첫 번째, 팔로워 수가 전부는 아니다. 그보다는 소통을 얼마나 깊이, 많은 사람과 하는지가 더 중요하다. 잠깐 눈을 감고, 자신과 깊은 소통을 하고 있는 인친이 몇 명인지를 한번 생각해보라. 팔로워 수에 비례해서 0.5~1% 정도가 된다면 소통을 잘하고 있다고 생각하면 된다. 이 비율은 공동구매 판매량 비율과도 비슷하다. 즉 팔로워가 500명일 때 구매자는 5명, 1,000명일 때는 10명 정도다. 이 정도의 비율로 소통하고 있다면 공동구매 진행을 권장한다.

두 번째, 공동구매를 처음 한다면 누구나 초보다. 아마 이 분야에 대해 이미 조금 아는 사람도 있고, 육아만 하다가 공동구매에 관심을 가지고 시작하려는 사람도 있을 것이다. 하지만 얼마나 알든 공동구매를 경험해보지 않은 사람들은 모두 초보다. 그래서 남과 비교할 필요가 없다. 본인이 먼저 시작하면 아무리 팔로워가 적어도, 공동구매 분야에서는 시작하지 않은 사람들보다 더 전문가가 될 테니 말이다.

세 번째, 머뭇거리는 것보다 지금 하는 게 낫다. 이렇게 고민하는 시간에 그냥 바로 실행해라. 해보지 않은 일을 두려워하며 시도하지 않는다면 그만큼 시간을 허비하는 것이다. '공동구매를 시작했는데 얼마 못 팔면 어떡하지? 부끄러운데'라고 생각하며 망설이는 사람도 있다. 하지만 그 부끄러움이 나중에 더 성장하기 위한 동력이 될 수도 있다. 아이러니하겠지만 부끄러워하지 마라. 도전하지 않고 고민하는 사람이 더 부끄러운 것이다. 그리고 만약 판매가 되지 않더라도 '왜 판매가 안된 거지? 내가 어떤 부분이 부족한 걸까?'라고 물으며 다음 공동구매 때 판매량이 늘어날 수 있도록 부족한 부분을 채워나가는 태도가 더 중요하다. 새로운 일을 시도할 때는 항상 두려움이 생긴다. 하지만 필자와 함께하면 혼자서 끙끙 앓고 있는 시간을 단축하고 바로 실행하면서 실전 경험을 할 수 있을 것이다. 공동구매에 주저하고 있다면 같이해보자.

공동구매를 진행하면
노출이 반 이상 떨어져요

> "팔로워 5,000명, 공동구매 10번 진행한 30대 육아맘이에요. 일상 게시물을 올릴 때 노출이 100이라면 공동구매 게시물을 올렸을 때는 노출이 반 이상 떨어져요. 노출이 신경 쓰이니까 공동구매를 하지 말아야 하나 고민이 돼요. 어떻게 하면 좋을까요?"

공동구매 해시태그만 쓰면 잘 나오던 릴스 조회수도 떨어지고, 좋아요 수도 반타작이 된다. 그러다 보니 마음에 상처가 나고, 모든 게 공동구매 때문이라고 생각하게 된다. 그래서 공동구매 진행을 점점 미루다가 더 이상 진행하기 힘들어지는 상황이 벌어진다.

이럴 때 먼저 내가 줄 수 있는 조언은 절대 노출을 신경 쓰지 말라는 것이다. 이런 고민이 생길 때마다 우리는 인스타그램을 하는 이유를 항상 머릿속에 떠올려야 한다. 바로 수익화 때문에 시작했을 것이다. 따라서 공동구매를 진행하지 않고 일상 게시물만 올린다면 인스타그램을 하는 원래 목적을 상실한 것이다. 이렇게 되면 인스타그램은 일기로서 전락하고 더 이상 그것을 할 이유가 없게 된다.

노출이 떨어져도 괜찮다. 자신이 원래 했던 대로만 그대로 유지해라. 공동구매 해시태그를 넣어서 조회수나 좋아요 수가 떨어진다 생각하지 말고, 자신이 부족한 점은 없었는지 고민하고 해결책을 실행해보자.

또 한 가지 방법은 스토리가 있는 공동구매 게시물을 기획해보는 것이다. 상품만 나와 있는 공동구매 게시물만 올라간다면 인친들도 남길 수 있는 댓글이 없고, 좋아요를 누를 재미 요소나 유익함이 없다고 생각한다. 그렇기 때문에 좋아요 수나 조회수가 뚝 떨어지는 것이다. 너무 적나라하게 공동구매 상품만 광고하고 있지는 않은지 한번 생각해보자. 이제부터라도 스토리가 있는 공동구매 게시물을 올려라. 생활 속에서 공감을 일으킬 수 있고, 그것으로 공동구매 상품이 더 돋보이는 게시물로 말이다. 누군가가 자신에게 너무 적나라하게 "이 상품을 사세요"라고 하면 어떤가? 부담스러워서 피하고 싶다. 인친들이 느끼는 감정도 동일하다. 그렇게 점점 떨어지는 조회수에 본인이 상처받게 될 것이다. 공동구매 피드를 올리더라도 어떻게 해야 공감을 받을 수 있을지 한번 고민하고 게시물을 올려보자.

그리고 꾸준히 소통하자. 자신이 공동구매 게시물에만 신경 써서 소통이 줄어든 건 아닌지 확인해야 한다. 물론 공동구매 게시물을 만드는 일은 일상 게시물을 만드는 일보다 시간과 노력이 많이 들어간다. 셀링포인트를 어떻게 하면 잘 전달할 수 있는지 고민하고, 그것을 표현하기 위한 시간도 많이 걸린다. 하지만 소통을 빠뜨린 게시물은 '앙꼬 없는 찐빵'이다. 지금껏 공동구매 게시물을 만드는 데 시간을 많이 할애했다면, 이제는 소통하는 시간을 따로 만들어서 잊지 않고 소통해야 한다. 그래야 인스타그램 알고리즘도 자신의 계정이 수익화만이 아니라 꾸준히 인친들과 소통한다고 인식해 노출을 되도록 많이 시켜줄 것이다.

공동구매를 진행할 때 조회수가 떨어지는 것 때문에 고민하는 사람이 많다. 그러나 실망하지 말고, 중간에 포기하지 말고, 하던 대로 꾸준히 진행하길 바란다.

첫 공동구매 매출이 적은데
그만둬야 할까요?

♡ ○ ◁   🔖

"팔로워 1,000명을 보유한 30대 육아맘이에요. 첫 공동구 매 매출이 잘 나온 건지, 안 나온 건지 궁금해요. 그리고 잘 나온 매출의 기준이 있는지도 궁금해요."

공동구매를 진행하다 보면 자신이 잘하고 있는지, 못하고 있는 지 확인하고 싶어진다. 아마 잘했다는 평가를 받는다면 본인에게 칭찬을, 못했다는 평가를 받는다면 좀 더 부족한 부분을 채울 수 있는 기회를 만들기 위함일 것이다. 하지만 자신이 잘했는지 못했는지를 확인하려면 다른 인친에게 매출을 공개해야 하는데 이게 쉽지 않다. 그리고 서로 초보이기 때문에 어떠한 조언을 주기가 쉽지 않다. 그러니 스스로 평가할 수 있는 척도와 계속 성장하는 계정이 되는 방법을 알려주겠다.

첫 번째, 팔로워의 1% 정도 인원에게 상품을 판매했다면 최고다. 오픈마켓의 경우 300명 정도가 유입되었다면 1명이 주문한다고 한다. 판매율로 따지면 거의 0.33%인 것이다. 오픈마켓은 불특정 다수가 구매하지만, 인스타마켓은 자신과 소통하는 특정 다수가 구매하기 때문에 판매율이 조금 더 높다. 예전에는 1% 정도가 보통의 판매율이라는 카더라 통신이 있었다. 공동구매 교육을 하면서 느낀 건데, 1% 판매율은 정말 꾸·소·콘이 잘 뒷받침되어야 나올 수 있다. 스스로가 잘했는지, 못했는지에 대해 객관적으로 평가하기 어렵다면 자신의 인친이 얼마나 구매했는지 살펴보자.

두 번째, 첫 공동구매 진행 시 최선을 다했는지 생각해보자. 앞서 언급했던 팔로워의 1% 판매율로 공동구매를 전부 평가하긴 아직 이르다. 평가할 만한 진행 건수가 충분하지 않다면 판매율을 기준으로 평가하긴 힘들기 때문이다. 공동구매 매출이 못 나오면 나는 공동구매를 못하니까 다른 걸 해봐야겠다'라고 의기소침해지면서 그다음 공동구매는 진행할 엄두도 못 내는 경우가 많다. 하지만 공동구매 교육을 하면서 느낀 것은 처음에 조금 판매가 저조하더라도 자신이 무엇이 부족한지를 꼭 확인하고 채워넣는 과정을 거친 사람들은 반드시 매출이 늘어났다는 점이다. 단 한 번의 공동구매로, 인스타그램의 기본 수익화 방법인 공동구매도 못하는데 다른 것도 못할 거라는 부정적인 생각은 금물이다. 첫 공동구매를 할 때 최선을 다해라. 자신의 콘텐츠 방향성이 아직 잡히지 않았더라도 일단 소통을 원활하고 꾸준히만 했다면 공동구매 매출이 잘 나올 수 있다. 내가 그랬고, 다른 사례도 많으니 첫 공동구매부터 시련을 느끼지 말자.

세 번째, 다음에 진행하는 공동구매의 목표 판매율을 10% 높게 설정하라. 목표치를 너무 높게 잡으면 그 목표를 달성하기 위해 조급함이 앞설 것이다. 우리에게는 앞으로 나아가고 있다는 사실과 함께 성취감을 느끼며 자신감을 얻는 게 중요하다. 이것이 공동구매를 꾸준히 할 수 있는 원동력이 될 것이다.

공동구매 기간은
며칠이 적당한가요?

 "30대 육아맘이에요. 공동구매를 진행할 때마다 3일로 할지, 4일로 할지 항상 고민이 됩니다. 기간을 정하는 데 조언을 주세요."

공동구매 기간에 따라서 장단점이 서로 다르다. 판매 집중도와 바이럴 마케팅의 기준으로 설명하겠다. 첫 번째, 먼저 3일의 경우에는 '상·중·하'로 따져봤을 때 판매 집중도는 '상', 바이럴 마케팅의 효과는 '하다. 일단 짧은 기간 동안 진행하기 때문에 판매 집중력이 좋다. 그러나 판매가 잘되나 싶다가 공동구매가 끝나서 조금 아쉬운 점이 있을 수 있다. 만약 인친이 상품을 구매했더라도 첫날 구매한 상품을 둘째 날 발송해 셋째 날 배송된다. 그러면 실제로 거의 저녁에 배송이 완료되기 때문에 마지막 날에 급하게 인친이 후기 게시물을 올리기가 어렵다. 그래서 내돈내산 바이럴 마케팅이 어려워진다. 그리고 만약 주기적으로 판매하는 상품이라면 나중을 위해 후기 이벤트도 도움이 된다.

4일을 진행하는 경우에는 판매 집중도는 '중상', 바이럴 마케팅의 효과는 '상'이다. 3일을 진행하다가 4일을 진행하면 늘어난 하루가 굉장히 길게 느껴질 수 있다. 그러나 공동구매는 4일을 진행하는 걸 추천한다. 그 이유는 바로 바이럴 마케팅 때문이다. 앞서 3일은 내돈내산 후기를 인친들이 쓰기 어려운 기간이라고 설명했는데, 4일째 되는 날에 후기가 올라오면 그 게시물을 보고 유입되는 건수가 많다. 그래서 경험상 공동구매 판매량은 첫날과 마지막 날이 제일 좋다.

단, 일주일 이상은 추천하지 않는다. 온라인 마켓에서 큰 프로모션을 진행할 때 기간을 어떻게 정하는지 생각해보자. '1~2시간' 아니면 '단 하루' 식으로 짧게 진행한다. 그 시간 안에 구매하지 못하면 저렴하게 구매하지 못하기 때문에 효과가 강력한 것이다. 하지만 일주일 이상 공동구매를 진행한다면 온라인 마켓에서 상시로 판매되는 상품처럼 여겨질 것이다. 공동구매라는 단어가 무색해질 만큼 가격이나 상품의 한정성을 느끼지 못할 것이다. 인친들에게도 '일주일이나 하니까 나중에 사야겠다'라는 생각이 지배적일 것이다. 그래서 더 팔아야겠다는 생각에 갑자기 기간을 일주일로 늘린다면 판매자도 계속 공동구매 상품만 홍보해야 하는 부담감이 생길 것이고, 그걸 바라보는 인친들도 부담스러울 것이다. 그뿐만 아니라 판매량도 올라가지 않는다는 사실을 꼭 명심해라.

어떤 인친이 나에게 "판다님, 설 연휴가 껴서 그러는데, 설 연휴 포함해서 2주 정도 공동구매를 진행해도 되나요?"라고 물어보았다. 사실 공동구매 기간은 본인이 정하는 거라 가타부타 하긴 어렵다. 단지 공동구매의 특성을 모르고 진행하는 것 같아 안타까워서 조언했지만, 업체에서 2주간 판매를 권유해 뿌리칠 수 없어 그대로 진행했다. 처음에는 소통하는 찐친들도, 셀러도 열정적이었다. 하지만 공동구매 기간이 너무 길다 보니 늘어지고, 소통하는 사람도 어떻게 더 이야기해야 할지 막막해졌다. 결정적인 것은 셀러 본인도 버거워져서 다음 공동구매를 진행하지 못하게 되었다.

스스로가 테스트해보고 3일이 나을지, 4일이 나을지를 고민해보면 좋을 것 같다. 내가 권장하는 공동구매 기간은 4일이다.

다른 인친의 공동구매 상품을
꼭 사줘야 할까요?

> 💬 "공동구매를 진행하면 원래 이렇게 돈 버는 것보다 돈 쓰는
> 게 많나요? 제 상품 팔려고 다른 인친들의 공구 상품까지 사
> 다가 100만 원이나 썼어요. 원래 이렇게 하는 건가요?"

　　내 강의를 듣던 한 수강생이 물어본 질문이다. 하지만 내 교육에
는 인친이 공동구매를 하면 사줘야 한다는 내용이 없다. 필요하면
그리고 합리적인 가격과 구성이라면 구매하는 것이지 그것을 꼭

사야 한다고 권유한 적도 없다. 인친 공동구매 상품을 사주면 다음과 같은 안 좋은 현상이 벌어진다.

첫 번째, 인친들과의 관계가 오히려 소원해질 수 있다. 이 사람이 내 걸 사줬으니 이 사람 것도 사줘야겠다는 생각은 절대 하지 말아야 한다. 필요한 상품이 아닌데 자신의 상품을 구매해준 것에 대한 고마움 때문에 구매를 하는 것은 정말 추천하지 않는다. 만약 내 상품을 구매한 사람이 공동구매를 한다면 그 상품을 모두 사줄 수 있는가? 이런 걸 의식해서 공동구매를 한다면 분명 누구는 사주고, 누구는 안 사줬다는 말이 결국은 인친들 사이에서 나온다. 그것 때문에 인친들과 오히려 소원해질 수 있다. 대신 자신에게 정말 필요한 상품이라면 소비자의 입장에서 꼼꼼히 살펴보고 구매하길 바란다.

두 번째, 상부상조하는 일이 결코 아니다. 어떤 공동구매 스터디에서는 짝을 지어서 서로의 물건을 마음에 들지 않아도 구매한 후 공동구매 기간 동안 후기를 작성해 바이럴 마케팅을 유도한다고 들었다. 물론 의도는 좋다. 하지만 그것이 오래 지속되면 본인이나 상대방 스스로 공동구매 진행을 포기할 것이다. 내가 판매한 금액보다 구매한 금액이 커지면서 '공동구매는 수익화가 아니라 텅장이 되게 하는 거잖아!'라고 깨닫는 순간 공동구매를 진행할 힘을 잃기 때문이다. 결국 핵심은 스스로 인스타그램 안에서 팬, 즉 단골을 만드는 것이 중요하다. 이런 과정이 정착되어야 자신의 인스타마켓이 성장할 수 있다.

세 번째, 상대적 박탈감 때문에 성장하는 느낌이 들지 않는다. 이렇게 서로 사주다 보면 위에서 언급했듯이 서로에게 부담이 되어 점점 인친의 관계가 소원해진다. 공동구매를 진행하면 매출이 증가하는 모습이 보여야 하는데 오히려 매출이 떨어지는 것을 볼 수도 있다. 그러다 보면 상대적 박탈감을 느껴서 공동구매를 지속적으로 진행하는 데 부담을 느낄 수밖에 없다. 처음에는 물론 매출이 높아 그때 당시에는 기분이 좋을 수 있다. 하지만 서로의 상품을 사주는 것은 서로에게 결국 독이 된다는 사실을 명심하도록 하자.

구매하지 않고 낚시용 댓글만 쓰는 인친과 계속 소통해야 할까요?

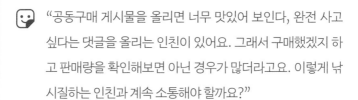

"공동구매 게시물을 올리면 너무 맛있어 보인다, 완전 사고 싶다는 댓글을 올리는 인친이 있어요. 그래서 구매했겠지 하고 판매량을 확인해보면 아닌 경우가 많더라고요. 이렇게 낚시질하는 인친과 계속 소통해야 할까요?"

공동구매를 진행하다 보면 인친이 구매도 안 하는데 살 것처럼 댓글을 써주니 헛된 기대감을 갖게 되는 경우가 있다. 이런 문제는 자신의 입장에서만 생각할 게 아니고 역지사지로 한번 고민을 해봐야 한다.

첫 번째, 본인이 가지고 있는 고정관념을 깨자. 앞에서 언급한 댓글을 보면 속상할 수 있다. 나랑 소통하고 있는 사람이 겉도는 것처럼 보이고, 나를 신뢰하지 않는 것 같고, 나와 진심으로 소통하지 않으려고 하는 거 아닌가 하는 잡다한 생각이 들 것이다. 하지만 '공동구매 상품을 구매해주는 게 곧 인친 관계를 지속하는 척도'라고 생각하지 말자. 다시 말하면, 내가 공동구매를 진행하면 무조건 내 인친들이 상품을 사줘야 한다는 생각을 하지 말아야 한다. 이런 고정관념은 판매에 대해 조급해서 생긴다. 판매량이 적어서 상심할까 봐 두려워하는 것이다. 물론 판매량이 많으면 좋다. 하지만 매번 그럴 수는 없다. 이런 상황에 무뎌져야 판매량에 대한 조급함을 버릴 수 있겠다. 이런 생각은 스스로를 힘들게 만들고, 인친들도 부담을 느껴서 더 이상 게시물을 살펴보지 않을 것이다. 그럼 결국 팔로우를 취소하고 인친을 잃게 된다. 서로 같은 극의 자석은 만나지 못한다. 그러니 서로 다른 극의 자석처럼 인친에게 다가가 매력적인 게시물과 소통으로 그를 끌어당겨보자. 그럼 언젠가 진심을 알아줄 것이다.

두 번째, 사주지 않는다고 속상해하지 말고 댓글을 써준 인친에게 고마워해야 한다. 그는 나를 도와주기 위해 최선을 다한 것이다. 그도 물론 사고 싶었을 것이다. 하지만 사지 못할 상황이 분명 있었을 것이다. 이렇게라도 도와주려고 댓글을 써줬을 때 그 글을 본 누군가는 괜찮은 상품이니 구매한다고 하니까 자신도 한번 가서 볼까 하고 생각할지도 모른다. 이런 경로로 다른 사람이 구매할 수 있게 도와주고 관심을 가질 수 있게 만들었다고 생각하자. 그러면 오히려 고마울 것이다. 실제로 공동구매 게시물을 올리면 노출이 반 이상 떨어지는 게 사실이다. 그럴 정도로 공동구매 게시물에 부담을 느끼는 사람이 많다. 댓글이 하나도 없는 공동구매 게시물도 있다. 그럼에도 불구하고 다른 사람의 구매 욕구를 일으키게 도와주는 것이니 얼마나 고마운 일인가? 그리고 언젠가는 인친에게도 정말 필요한 상품이 나타났을 때 구매할지도 모른다.

세 번째, 그 인친과 즐겁게 소통하자. 생각의 전환이 일어났다면 원래 했던 대로 그와 소통하면 된다. 사람들이 모두 내가 의도한 대로 느끼고 행해주면 얼마나 좋을까? 하지만 사람들은 다 각자의 생각으로 행동한다. 그렇게 우리는 나와는 다른 사람들과 인연을 맺으며 소통하고 있다. 자신과 생각이 다르다고 해서 그를 멀리하고 또 다른 사람들을 찾는다면 진정한 인연을 찾기 어려울 것이다. 내 생각대로 움직여주는 사람만 찾는 것은 나의 욕심이라고 생각하면서 그 사람의 입장에서도 한번 다시 생각해보자.

공동구매 매출 하락으로 인한 슬럼프를 극복하는 방법

>  "공동구매를 하다 보니 매출이 잘 나올 때는 기분이 좋은데,
> 매출이 떨어지면 공동구매를 해야 하나 매번 고민하게 돼요.
> 그러다 보니까 인태기도 오고 슬럼프를 경험하게 되는데 어
> 떻게 하면 극복할 수 있을까요?"

첫 번째, 멘탈 관리를 잘해야 한다. 매출이 잘 나오다가도 잠시
주춤할 수 있다. 그러다 매출이 계속 감소하는 경향을 보이면 공동

구매를 그만둬야 하는지 하는 생각으로 스스로를 괴롭히게 된다. 이럴 때 절대 멘탈이 흔들려선 안 된다. 자신을 다음 단계로 끌어 올리기 위한 하늘의 시험이라고 생각하자. 이 시기를 견디고 버텨 야 다음 성장이 있다. 수강생들이 이 구간을 버티지 못하고 공동구 매는 자신과 인연이 아닌 것 같다며 힘들어하곤 했다. 하지만 이런 침체기가 올 때마다 나와 멘탈 관리를 하며 계속 공구를 시도했던 수강생들은 이제 슬럼프를 극복하고 많은 업체와 일하고 있다. 버 티면 행복한 날이 오기에 절대 지금 포기하면 안 된다.

두 번째, 매출이 떨어지면 자신을 점검하며 피드백할 때다. 매출 하락의 이유들을 생각해보자. 예전에 비해 무엇이 부족한지, 성장 하기 위해서 무엇을 채워야 할지 등에 대해서 말이다. 스스로가 이 런 점검을 할 수 있는 메타인지가 필요하다. 메타인지가 뒷받침되 어야 또 다른 목표로 돌진할 수 있다.

세 번째, 침체기라면 높아진 목표에 따라 실행 방법을 구체적으 로 계획해보자. 그동안 공동구매를 진행해오면서 점점 매출이 오 르는 것을 느끼고 나도 모르게 다음 진행할 공동구매의 판매 목표 가 높아졌을 것이다. 하지만 목표에 어떻게 다다를 수 있을지에 대 한 구체적인 고민은 해보지 않았을 것이다. 그래서 매출이 잠시 주 춤거렸던 것이다. 높아진 목표를 이루기 위한 구체적인 실행 방법 을 고민해보자.

매출이 왔다 갔다 하는 그래프가 보인다면 두려워하지 말자. 슬럼프를 뜀틀을 넘기 위해 잠시 몸을 웅크린 낮춤의 자세와 같다고 생각하자. 이후에는 큰 도약이 있을 것이다. 그러니 이 마음가짐을 절대 놓지 말자. 분명 이는 성장 신호다.

업체와 컨택할 때의 두려움을
어떻게 없앨 수 있을까요?

> 😊 "30대 육아맘이에요. 저는 어떤 물건을 살 때 하자가 있더라
> 도 그냥 참고 얘기하지 않는 편이에요. 이런 것조차 얘기하
> 지 않는 제가 제조업체와 소통하는 게 조금 두려워요. 어떻
> 게 하면 이 두려움을 극복할 수 있을까요?"

공동구매 강의를 하면서 셀러들이 대부분 업체와의 소통을 굉
장히 어렵게 느낀다는 것을 알았다. 이 부분은 나도 공감한다. 큐

텐에서 업체 소싱을 할 때 모르는 업체에 전화해서 입점하라고 하면 나를 무시하진 않을까, 상대방이 내 말을 듣지 않고 끊진 않을까 두려웠고, 왜 이런 일을 해야 하는지 회의감까지 들었다. 하지만 이것을 극복하고 나니 오히려 사장이나 업체 직원들과 대화할 때 자신감이 생겼고, 전화하는 일이 그리 어렵게 느껴지지 않았다. 물론 많은 경험을 한 만큼 노하우가 생긴 점도 있고, 상처를 안 받으려고 마인드 컨트롤을 했던 것도 도움이 되었다. 이런 기분은 나뿐만 아니라 누구나 느껴본 적 있을 것이다. 그럼 이제부터 업체와 소통할 때 두려움을 없애는 3가지 방법을 소개하겠다.

첫 번째, 통화 원고를 작성해서 자신감 있게 말한다. 큐텐에 입사하자마자 팀장은 내게 소싱 원고를 만들라고 했다. 원고를 보면서 따라 하면 떨지 않을 거라고 말이다. 그래서 나는 원고를 만들고 수정해서 내 입에 맞게 고쳤다. 처음에 원고 없이 전화를 했다면 아마 엄청 떨었을 것이다. 나 또한 전화 영업을 하면서 말을 막힘없이 유창하게 하는 사람들을 보면 굉장히 부러웠다. 하지만 이렇게 통화 원고를 작성하면 자신감 있게 말할 수 있다. 여기서 통화 원고를 짤 때 중요한 포인트는 자신이 물어볼 질문과 상대방의 예상 답변을 적어두는 것이다. 그러면 스스로 막힘없이 이야기할 수 있기 때문에 상대방에게 전문가로 느껴질 것이다.

두 번째, 이어폰을 사용해 손으로 메모한다. 전화를 하다 보면 보통 손으로 전화기를 잡고 이야기를 한다. 이때 통화 중 갑자기 중요한 내용이라도 나오면 그것을 놓칠까 봐 안절부절못하게 된다. 두 손이 자유롭지 않아 내용 전부를 기록하지 못하거나 기억하지 못할까 봐 조바심이 나는 것이다. 그럴 땐 이어폰이나 스피커폰을 사용해서 두 손을 자유롭게 해놓자. 그러면 조급함도 없어지고, 통화에 더욱 집중해서 자신이 할 이야기를 잘 전달하고, 상대방의 이야기를 잘 들을 수 있을 것이다.

세 번째, 통화를 녹음하고 피드백을 작성한다. 통화를 끊고 나면 기록하다가도 너무 빨라 놓치는 내용도 있고, 자신이 무슨 이야기를 해서 이런 말이 나왔는지 기억이 안 나는 때도 있다. 이를 위해 통화 녹음을 하는 것이다. 녹음 파일은 서로 대화한 내용을 숙지하기 위해, 그리고 자신의 화법을 확인하는 도구로 쓰인다.

업체와 통화하는 것은 공동구매를 진행할 때 CS나 상품에 관련된 히스토리 등을 파악해야 하기 때문에 필수적이다. 따라서 소통이 두렵다고 피할 수는 없으니 이제는 부딪쳐보고, 자신만의 스타일로 만들어가는 것은 어떨까? 물론 카톡과 메일로도 업체와 소통할 수 있지만, 전화만큼 상대방과 깊게 소통하고 연결되는 매체는 없다. 서로 신뢰를 쌓고 보다 깊이 관계를 이어가고 싶다면 전화는 정말 필요한 수단이다. 그러니 알려준 3가지 방법을 사용해 업체와 소통하는 어려움을 극복해보자.

5장

인스타마켓을 활용하려는 소상공인을 위한 팁

업체 중에서 인스타그램 공동구매로 상품을 판매해서 건물을 지었다는 카더라 통신을 들어봤을 것이다. 이런 말을 듣고 인스타그램에 자신의 상품을 팔아볼까 생각하는 업체도 많을 것이다. 하지만 무턱대고 인스타그램에 뛰어들기는 쉽지 않다. 그래서 이번 장에서는 소상공인이 인스타그램 공동구매로 유통 채널을 확장해야 하는 이유와 셀러를 선정하는 기준, 공동구매 진행 시 셀러를 도와야 하는 부분 등을 알려주고자 한다. 이 내용을 제대로 숙지한다면 판매 상품이 '인싸템'이 되는 건 시간 문제고 회사의 성장에도 큰 도움이 될 것이다.

인스타그램에서 꼭
공동구매를 진행해야 하는 이유

많은 업체가 온라인 플랫폼에 입점되어 있다. 분명 온라인 플랫폼만으로 수익이 나올 텐데 왜 인스타그램이라는 폐쇄몰에서 공동구매를 진행해야 하는 것일까? 왜냐하면 온라인 플랫폼을 사용할 때 비용과 소통 등 몇 가지 어려움이 발생하기 때문이다. 하지만 이 어려움을 인스타그램 공동구매로 해소할 수 있다. 그렇다면 인스타그램 공동구매가 온라인 플랫폼의 단점을 어떻게 해결할 수 있는지 살펴보자.

온라인 쇼핑몰 vs. 인스타그램 공동구매

쇼핑몰 SCM

온라인 쇼핑몰의 SCM 숙지는 쉽지 않다. 상품등록과 배송, CS 처리 등 각 플랫폼에서 사용하는 SCM이 동일하지 않기 때문이다. 그래서 온라인 쇼핑몰에 진입할 때 각각의 SCM을 알아야 하는 일이 벌어지고, 이것을 숙지하는 시간도 많이 걸린다. 따라서 서로 다른 SCM을 통합한 하나의 솔루션 프로그램이 출시되어 여러 플랫폼에 자동으로 상품이 등록되고 배송 처리와 고객 문의 등을 처리할 수 있게 되었다. 하지만 이것은 유료라는 단점이 있다.

반면 인스타그램 공동구매에서는 셀러가 각자의 플랫폼이다. 업체가 셀러에게 상품만 맡기면, 셀러는 콘텐츠를 발행하고 인친들과 소통하면서 판매량을 늘릴 수 있도록 노력할 것이다. 즉 인스타마켓은 그 기능을 잘 사용할 줄 아는 셀러가 판매를 진행하기에 시스템을 따로 익혀야 하는 어려움은 없다. 결제페이지는 공동구매를 진행하는 업체가 익숙한 시스템으로 운영 관리하면 된다.

광고 비용

온라인 쇼핑몰에서는 광고 비용이 많이 지출된다. 너무 많은 업체의 상품들이 등록되어 있기 때문에 상위에 노출하려는 경쟁이 엄청 치열하다. 자신이 등록한 상품이 키워드 또는 카테고리로 검색했을 때 첫 페이지가 아닌 두 번째, 세 번째 페이지에 노출되거나 상단, 중간이 아닌 맨 아래에 위치한다면 고객이 구매할 수 있는 기회는 없다.

노출 위치는 쇼핑몰 알고리즘에 따라 다르지만 대부분 판매 지수와 리뷰 평점에 따라 달라진다. 그렇기에 오랫동안 판매했고, 고객 평가도 좋은 상품들이 상위에 위치할 수밖에 없다. 처음 선보이는 상품의 경우는 당연히 판매 이력이 없기 때문에 하단에 위치할 것이다. 그래서 많은 업체가 상단에 노출해 판매 기회를 얻기 위해 키워드 광고를 진행하는 것이다. 그러면 온라인 플랫폼은 판매가 되기도 전에 광고 비용이 발생하게 된다.

반면 인스타마켓에서 광고 비용은 업체가 써도 되고, 안 써도 된다. 왜냐하면 보통 셀러가 공동구매를 진행할 경우에 여러 가지 상품을 한 번에 진행하지 않기 때문이다. 한 가지만 신경 쓰기에도 벅차다. 물론 여러 가지를 한 번에 진행하는 셀러들도 있다. 하지만 대부분 한 가지 상품만을 진행하는 셀러가 많기에 단독으로 홍보가 가능하다.

온라인 쇼핑몰의 경우 불특정 다수가 고객이다. 하지만 인스타그램의 공동구매는 특정 다수가 고객이다. 즉 셀러의 팔로워 위주로 게시물이 노출된다. 인플루언서의 인친들이 구매해주는 SNS의 장점이 있기 때문에 특별하게 광고 비용이 발생하지는 않는다. 인스타그램 내에서 광고를 돌릴 수 있고, 페이스북을 사용해 광고를 돌릴 수 있다. 공동구매 진행 시 셀러가 게시물을 올리고, 업체가 광고를 진행한다면 셀러는 그 업체에 더 충성할 수 있고, 이로써 상품 판매량이 증가할 수 있기 때문에 적절하게 사용하는 것을 추천한다.

담당자와의 소통

온라인 쇼핑몰은 담당 카테고리 매니저와 소통하기가 어렵다. 카테고리 매니저는 한 카테고리의 매출과 업체를 관리하는 담당자다. 쇼핑몰 플랫폼에서 카테고리 매니저의 역할은 정말 중요하다. 카테고리 매니저의 판단으로 선택된 상품이 매출을 견인해야 플랫폼이 성장하기 때문이다.

그렇기에 카테고리 매니저 또한 프로모션을 진행할 상품 선택에 굉장히 신중하다. 판매가 잘되는 상품이 보인다면 그 상품의 매출이 더 많이 나올 수 있도록 프로모션 상품으로 선택한다. 그리고 각 카테고리 매니저가 가지고 있는 구좌(프로모션 자리)에 위치시킨다. 그러면 어떻겠는가? 당연히 그 상품은 매출이 어느 정도 보장되어 성장할 수밖에 없다.

그런데 만약 어떤 상품이 처음 출시되었거나 출시하고 한 달 정도 지나도 매출에 아무런 변화가 없다면 카테고리 매니저는 그 상품을 눈여겨보지 않는다. 그렇기에 매출이 안 나오는 상품 업체의 담당자가 매출을 내기 위해 카테고리 매니저를 만나고 싶어도 연락이 안 된다는 이유가 바로 여기에 있다. 그래서 담당 카테고리 매니저와 소통하기가 어렵다는 말들이 나오는 것이다. 판매가 잘되는 상품으로 더욱더 높은 매출을 만들고 싶지 모험을 하고 싶지는 않은 것이다. 그리고 카테고리 매니저들은 각 상품에서 나오는 매출로 평가받는다. 따라서 매출이 없는 상품은 MD와는 더욱더 만나기가 힘들 수밖에 없다.

이와 반대로, 공동구매를 진행하면 셀러와의 소통이 원활하다. 많은 상품을 진행하는 셀러도 있지만 카테고리 매니저만큼 많은 업체를 관리하지 않기 때문에 업체와의 소통에 집중할 수 있다. 그리고 샘플을 받아보고 좋은 상품이라고 판단해 공동구매를 진행하는 만큼 업체 담당자와도 긍정적으로 소통하려고 노력할 것이다.

다만 업체에서 간과하지 말아야 할 것이 있다. 셀러가 호의를 보인다고 해서 업체에서는 그 셀러를 절대 얕봐서는 안 된다. 종종 셀러를 얕보는 업체를 보았다. 하지만 유통 지식이나 경험이 있는 사람이 공동구매를 진행하기도 하며, 실제로 유통 관련 일을 하지 않는 사람들도 상품을 매력적으로 잘 판매하는 경우가 많다. 그렇기에 업체에서는 셀러가 잘 모를 것이라고 생각하고 함부로 대하지 말자. 이런 담당자의 태도는 셀러와 잠깐만 대화해도 알아차릴 수 있다. 진짜 조심해야 하는 부분이다. 판매를 대신해주는 사람이기에 존중해야 한다.

판매를 넘어 홍보와 리포지셔닝까지

판매 채널을 늘림으로써 매출이 증가하는 것은 당연한 이치다. 하지만 실제로 온라인 마켓에 입점해 초기 광고 비용을 지불하더라도 판매가 안되는 경우를 많이 보았다. 그러나 인스타마켓 공동구매는 상품만 좋으면 여러 셀러가 공동구매 진행을 원할 것이기 때문에 판매량이 0일 경우는 거의 제로에 가깝다. 그래서 실력이 좋은 공동구매 셀러를 만나면 온라인 쇼핑몰에서 광고를 진행하는 것보다 훨씬 많은 판매량을 일으킬 수 있다.

공동구매 진행 시 등록하는 게시물을 유료로 환산해보자. 공동구매를 4일 진행할 때 하루에 하나씩 게시물을 올리면 총 5개의 게시물이 올라온다. 그리고 1만 팔로워 이하의 경우 게시물당 5만 원인 유료 게시물을 올리기도 하기에 그 개수만큼 돈으로 환산해보면 25만 원이다. 업체의 입장에서는 25만 원의 홍보비를 지출하지 않아도 되는 것이다.

그리고 브랜드 리포지션이 가능하다는 장점도 있다. 셀러가 고객과 접점에 있기 때문에 피드백을 하면서 단점을 보완할 수 있는 기회가 생긴다. 예를 들어 업체에서 생각했던 실제 타깃이 인스타그램에서 다르게 나타났다면 이를 다시 설정해 리포지션이 가능하다. 또한 업체의 입장에서 바라봤던 셀링포인트 외에 고객들이 바라본 셀링포인트, 셀러가 바라본 셀링포인트를 알아갈 수 있는 기회도 마련된다. 그리고 새롭게 알게 된 추가적인 셀링포인트들을 상세페이지에 풍성하게 표현할 수 있다.

앞서 내가 진행했던 공동구매 상품인 한우곰탕의 경우 처음에는 나이가 높은 사람을 타깃으로 삼아 상세페이지를 만들었다. 그런데 아기들이 입맛이 없을 때, 아플 때 찾는 것이 바로 ○○한우곰탕이라는 후기를 인친이 알려주었다. 그래서 타깃을 30~40대 엄마들로 재설정하기도 했다. ○○수딩젤 같은 경우도 제품이 순해 피부가 예민하고 여드름이 잘 생기는 학생들에게 좋다는 사실을 체험단으로 알게 되었다. 그리고 이를 업체에 전달해 추가적인 셀링포인트를 잡는 데 도움을 주었다.

정리하자면, 인스타그램 공동구매는 온라인 플랫폼보다 쉬우며, 판매뿐만 아니라 홍보에도 도움을 준다. 또한 브랜드 리포지셔닝이 가능하기 때문에 더욱더 상품에 대한 마케팅을 구체화시킬 수 있다. 이렇게 쉬우면서 여러 장점이 있는 인스타그램 공동구매, 더 이상 망설이지 말고 공동구매의 세계로 진입해보자.

DM 이렇게 보내면
100% 거절당해요

♡ ☰ ◁   ⊠

꾸·소·콘의 기준으로 상품을 판매할 셀러를 정했다면 이젠 공동
구매를 제안해야 한다. 대부분 DM으로 제안한다. 셀러마다 방식
이 달라 프로필에 '카카오톡 오픈채팅으로 문의주세요'라고 글을
남겨 요구하는 경우도 있다. 이럴 때는 카카오톡 오픈채팅으로 제
안해야 한다. 그렇지만 제안한다고 해서 셀러들이 모두 100% 답
을 주는 것은 아니다. 그러면 어떻게 보내야 거절하지 않을까? 간
단하게 말하면 제안 메일을 보내는 것처럼 양식에 맞춰 DM을 보
내는 게 좋다.

[예시 1] ○○○ 상품 공구 진행자 모집

★완전 손질 ○○○ (10미 20쪽)

★완전 손질 ○○○ (20미 40쪽)

공구 마진 : ○○○○원

★○○○ 10미 야채세트(실속형)

공구 마진 : ○○○○원

[예시 2] 상품 URL 제시

(주)○○○○○의 MD ○○○ 팀장입니다.

상품 검토 후 유선으로 연락받을 수 있으니

검토 부탁드립니다.

010-○○○○-○○○○

　위 글은 실제 내게 공동구매를 제안했던 업체들의 DM 내용이다. 제안 내용을 보면 어떠한가? 공통적으로 확인할 수 있는 점이 있다. 바로 영혼 없이 공동구매 요청을 하는 것이다. 셀러의 입장에서는 공동구매를 진행하고 싶은 욕구가 솟구치지 않는다. 그러다 보니 이런 DM의 경우는 100% 거절할 수밖에 없다. 물론 상품을 보고 진행 여부를 판단할 수도 있다. 또 많은 DM 제안을 받으니 마음에 안 들면 답을 안 하기도 한다(이 자리를 빌려 답변을 못 드린 업체 관계자분들께 사과의 말씀을 드린다). 공동구매 플랫폼 종사자의 말을 빌리자면 10건 보냈을 때 1건 대답이 오면 정말 대단한 것이라고 한다.

확인사항

DM을 보내기 전에 2가지 체크해야 할 사항이 있다. 첫 번째, 공식 계정으로 DM을 보내자. 대행사나 벤더업체의 경우, 유령 계정이나 외국인 계정을 사용해 DM을 보내는 경우가 있다. 특히나 외국인 계정을 사용하면 채팅을 할 경우 해킹의 위험이 많다는 것을 많은 사용자가 알고 있다. 그래서 유령 계정과 외국인 계정을 사용해서 DM을 보낸다면 대답을 하지 않을 확률이 높다. 꼭 공식 계정을 사용해 자신이 누구인지를 떳떳하게 밝힐 수 있어야 셀러들도 안심하고 제안 내용을 제대로 파악하려고 한다.

두 번째, 제안하는 셀러의 계정을 팔로우한 후에 DM을 보낸다. 팔로우하지 않은 상태에서 DM을 보내면 분류가 쉽지 않아 차후 확인이 어렵다. 그리고 팔로우 후 DM을 보내야만 셀러도 받은 메시지가 주요라는 탭으로 넘어가서 어떤 팔로워들과 이야기했는지 찾기 쉽다. 또한 셀러가 DM을 받았을 때 팔로우되지 않은 계정이라고 뜨면, 자신에게 진정성이 없다고 생각하고 그냥 넘어갈 확률도 많다.

DM 보낼 내용

세 번째, DM으로 제안을 할 때에는 전체적으로 셀러에게 편한 인상을 줘야 한다. 딱딱한 인상을 풍긴다면 업체와 소통이 원활하지 않을 수도 있다는 불안감을 느끼기 때문이다. 그렇다면 어떤 내용으로 써야 하는지 살펴보자. 아래 내용을 기본 형식으로 삼아 상품이나 셀러에 맞게 살을 덧붙이면 된다.

○○님, 안녕하세요. 저는 ○○○ 브랜드사의 ○○○ 담당자입니다. 그동안 ○○○ 셀러님의 인스타그램을 통해 좋은 정보만 얻다가 오늘은 ○○○ 셀러님께 잘 어울릴 만한 차별화된 제품을 소개해드리고 싶어 메시지 드려요.
(제품 소개: 셀러와 맞게 소구점 전달)
편하신 시간에 살펴보시고 답변주시면 공동구매 절차 안내 도와드릴게요. 긍정적으로 검토해봐주세요. 감사합니다.

　DM을 보낼 때는 먼저 정체를 밝힌다. 즉 업체명과 담당자 이름을 적어야 한다. "○○○ 브랜드 ○○○ 팀장입니다." 그래야 신뢰도가 높아지고 사기꾼이 아니라는 것을 파악할 수 있다.
　그다음으로는 왜 셀러에게 이 DM을 보내게 되었는지 작성해야 한다. 복사·붙여넣기했다는 느낌을 주지 않도록 셀러의 게시물을 분석하고 상품과 관련 있는 셀러의 강점을 파악해 이야기하자. 어떤 점에서 셀러와 이 상품이 어울리는지 덧붙여도 좋다. 이것으로 셀러는 '아, 나랑 이 부분이 맞아서 진행을 꼭 하고 싶었구나' 하고 좀 더 주의 깊게 살펴볼 것이다. 또한 아무에게나 공동구매를 제안하는 업체가 아니라는 인상도 전달할 수 있다.

그리고 상품 소개를 한다. 이때는 어떤 성과가 있는 브랜드인지 보여주고, 상품의 셀링포인트를 보기 쉽게 작성한다. 이와 함께 상품에 대해 더 자세히 알고 싶어 하는 경우가 있기에 상품 URL을 전달한다.

마지막으로 담당자와 연락할 수단을 적어준다. DM이나 카톡 아이디, 전화번호, 이메일 등이 있다. 전화번호는 왠지 부담스럽고, 이메일은 쌍방으로 실시간 대화를 하기에는 조금 아쉽다. 그래서 보통 카톡 아이디로 오픈채팅을 많이 한다. 오픈채팅에서 DM으로는 줄 수 없었던 상품 정보를 안내할 수 있다. 더불어 셀러가 진행할 때의 이점을 안내한다. 예를 들면 독점 진행 여부, 수수료의 차별화, 무료 샘플 제공 등이다.

정리하자면, 담당자 소개, 셀러에게 DM을 보내는 이유, 상품 소개, 진행 시 이점 소개, 상품 URL, 담당자 연락 수단(카카오톡 아이디 추천) 순서로 편한 느낌이 들도록 DM을 작성한다. 처음으로 셀러와 대화하는 것이기 때문에 상품과 소통할 담당자를 믿고 공동구매를 진행할 수 있도록 신뢰감을 주는 것이 핵심이다.

그 외 담당자의 자세

DM 제안으로 셀러가 샘플을 받아보고 진행 여부를 결정하겠다고 해서 상품을 보냈지만, 이후 공동구매 진행이 어렵다고 답변을 받을 수 있다. 그럴 경우 샘플을 아까워하지 말고, 너무 낙심하지 말자. 샘플을 활용해 소통할 수 있는 장을 여는 것이기 때문에 "샘플은 받아보셨을까요?" "어떤 점이 마음에 안 드셨을까요?" 등 상품의 불편한 점을 알아본다.

브랜드 영업을 할 때 들었던 말이 있다. 고객의 니즈를 파악하는 것이 중요하다고 말이다. 그래서 직접 대리점에 출장을 나갔고, 실제 고객들을 인터뷰하기도 하고, 고객들과 마주하는 대리점주를 만나며 상품을 객관화했던 시간을 보냈다. 이는 다음 시즌이나 다음 해에 나올 상품을 기획하는 데도 도움이 되었다. 설사 공동구매를 진행하지 않더라도 이렇게 상품의 객관화를 거쳐 더 나은 상품으로 발전할 수 있는 조언을 들었다고 생각하면 결코 샘플비가 아깝다고 생각하지 않을 것이다.

나는 상품이 아무리 좋아도 소통이 원활하게 되지 않는 담당자와 공동구매를 진행하는 것은 도박이라고 생각한다. 왜냐하면 공동구매 진행을 결정함과 동시에 담당자의 소임은 진짜 시작되기 때문이다. 공동구매 결제페이지만 보내주고 이후 소통을 하지 않는 업체 담당자가 있었다. 결국 셀러는 CS를 진행해야 하는 상황에서 소비자에게 원성을 들어야만 했고, 더 이상 공동구매를 진행하지 못하게 되었다. 상품도 중요하지만 DM으로 셀러와 원활한 소통을 하는 것은 공동구매를 진행할 때 중요하다는 사실을 꼭 명심하길 바란다.

인스타마켓 전용
시크릿 페이지로 설정하기

앞서 인스타그램 공동구매는 폐쇄몰의 성격을 띠고 있다고 이야기했다. 그래서 자주 사용하는 플랫폼(예를 들면 네이버 스마트스토어, 업체의 공식 홈페이지 등)에 공동구매 결제페이지가 공개되면 안 된다. 이런 일을 겪지 않으려면 공동구매 상품페이지는 꼭 노출이 안 되게끔 설정해야 한다. 그렇기 때문에 일명 '시크릿 페이지'로 공동구매 창을 열어야 한다. 네이버 스마트스토어를 사용하는 업체와 공식 홈페이지를 사용하는 업체로 나눠서 설명하겠다.

네이버 스마트스토어 사용하기

네이버 스마트스토어를 공식 홈페이지로 사용하는 사람들이 많다. 그래서 네이버 스마트스토어를 시크릿 페이지로 설정하는 방법을 알아보겠다.

위 사진의 '가격비교 사이트 등록'에 주목하자. 가격비교 사이트 등록에서 네이버 쇼핑을 체크하면 네이버 쇼핑에서 공동구매 상품 페이지가 검색이 되게끔 설정된다. 그러나 우리는 공동구매 상품 페이지가 네이버 쇼핑에 노출되어서는 안 된다. 그렇기에 반드시 체크를 풀어야 한다. 인스타그램 공동구매는 폐쇄몰의 성격을 띠기 때문에 내 스토어의 전체 상품에 보이지 않고 URL을 통해서만 할인된 가격을 확인할 수 있어야 한다. 그래서 전시상태는 전시중

지로 해놓았었지만, 네이버쇼핑에서 2022년 12월에 판매하는 상품에 대해서 꼭 '전시중'으로 해야 한다고 공지를 내렸기에 '전시중'으로 설정해야 한다.

별도의 페이시스템 사용하기

페이시스템은 블로그페이나 스룩페이, 셀럽페이 등을 사용하는 게 좋다. 이런 페이시스템을 이용하면 좋은 점이 많다. 첫 번째는 상시적으로 판매하는 상품과 겹치지 않아 기존 고객의 이탈을 방지할 수 있다. 두 번째는 공동구매용으로만 사용할 수 있다는 것이다. 세 번째는 업체뿐만 아니라 셀러도 누가 샀는지, 배송은 진행 중인지를 동시간대에 확인이 가능하다. 그래서 페이시스템을 사용하는 업체들도 꽤 많다. 각 업체의 사정에 맞게 선택하길 바란다.

매출을 끌어올리려면
셀러를 도와라

이제 셀러가 선정되고 진행 의사를 밝힘으로써 공동구매 진행 카운트다운을 시작한다. 셀러가 업체 대신 상품을 판매를 한다고 해서 그냥 손 놓고 주문만 오길 기다리면 안 된다. 어떻게 하면 공동구매 판매가 많이 이뤄질 수 있을지 셀러와 같이 고민해야 한다. 그리고 업체에서 도와줄 수 있는 부분은 어떤 것인지 찾아야 한다. 셀러가 공동구매를 진행할 때 업체는 어떻게 도우면 좋을지 알아보도록 하겠다.

협찬과 체험단 실시하기

첫 번째, 공동구매 진행 전 협찬이나 체험단을 실시해 예비 구매자들에게 소식을 알리도록 해야 한다. 협찬을 받는 사람 또한 꾸·소·콘의 기준에 걸맞은 사람으로 진행해야 한다. 그래야 영향력이 있다. 협찬을 받는 사람에게 안내하며 꼭 강조해야 하는 2가지가 있다.

먼저 공동구매 기간 첫날부터 마지막 전날까지 게시물을 올리게 한다. 즉 11월 1일부터 4일까지 공동구매를 진행한다면 체험단이나 협찬의 게시물 작성일은 11월 1일부터 3일까지다. 공동구매 진행 일정에 맞춰 게시물을 올려야 구매까지 이르게 할 수 있다. 진행 일정에 맞춰서 게시물을 올리지 않으면 공동구매가 끝났을 때 예비 소비자는 상품을 구매할 수 없게 된다. 이는 협찬의 효력을 잃게 되는 것이니 꼭 주의를 줘야 할 사항이다.

그다음에는 게시물에 셀러의 계정을 꼭 넣어달라고 해야 한다. 그래야 협찬 받은 사람의 인친들이 해당 셀러의 계정을 통해 바로 편하게 타고 들어갈 수 있다. 협찬이나 체험단은 상품 자체가 홍보되기 때문에 일석이조의 효과를 볼 수 있는 바이럴 마케팅임을 꼭 명심하자.

상품 구성과 이벤트 고민하기

두 번째, 판매를 독려할 수 있는 상품 구성을 고민해야 한다. 업체 MD가 셀러보다는 그 상품에 대해 더 전문적이다. 한 가지 구성으로 팔지, 여러 세트로 된 구성으로 팔지는 이미 업체가 다른 플랫폼에서 많은 테스트를 해봤기 때문이다.

그리고 객단가를 올릴 수 있는 이벤트를 고민해야 한다. 즉 1개 살 것을 어떻게 하면 2개를 사게끔 유도할 수 있을지 말이다. 팁을 주자면 여러 개를 구매하게 만들면서 다음에 출시 예정인 상품을 하나씩 덤으로 주는 것이 효과적이다. 같은 상품을 하나 더 주는 것도 좋다.

하지만 출시 예정인 상품을 먼저 증정해서 나중에 그 상품을 판매할 때 구매자가 거리낌 없이 받아들일 수 있게 하는 편이 더 좋다. 새로 출시된 상품에 대해서는 다른 사람들이 먼저 써보지 않았기 때문에 굉장히 방어적이기 때문이다.

공동구매 상품을 구매한 사람들에게 사은품으로 주면서 반응을 보고, 셀러에게도 그 상품으로 또 공동구매를 제안할 수 있다. 또한 특별한 바이럴이 없어도 매출을 올릴 수 있는 연쇄효과를 발휘하는 방법이다.

업체 계정에서도 공동구매 알리기

세 번째, 업체 공식 계정에서도 공동구매를 하고 있다는 소식을 알려야 한다. 즉 게시물과 스토리에 어느 계정에서 공동구매를 하고 있다고 안내해야 한다. 공식 계정 또한 업체의 브랜드를 좋아하는 사람들이 팔로우하고 있을 것이기 때문이다. 그들에게 혜택을 준다고 생각할 수 있게 알려줘야 한다.

셀러와 함께 콘텐츠 고민하기

네 번째, 셀러에게 도움이 될 만한 콘텐츠가 무엇인지 같이 고민해야 한다. 셀러가 콘텐츠 크리에이터이긴 하지만 영감을 줄 수 있도록 도와주는 단계가 필요하다. 물론 업체 입장에서는 콘텐츠 제작에 큰 기여를 하긴 어려울 수 있다. 하지만 이때 콘텐츠의 주제를 주는 것도 하나의 좋은 방법이다. 예를 들면 상품 제작 과정에서 얼마나 공을 들였는지와 같은 이야기나 고객 리뷰에는 없던 상품의 장점 등 콘텐츠로 살릴 수 있을 만한 내용을 공유하는 것이다. 공동구매 콘텐츠가 높은 퀄리티로 만들어져 조회수가 늘어난다면 자연히 업체 상품의 홍보 효과도 더욱 커지기 때문에 더욱 강력히 추천한다.

셀러 격려하기

마지막으로, 매일매일 셀러를 격려해준다. 셀러는 공동구매를 진행하면서 굉장히 외로움을 많이 느낀다. 왜냐하면 공동구매를 진행하면 노출이 반 이상 떨어지면서 고민이 커지기 때문이다. 그런 정신적인 부분을 업체가 관리해줄 수 있다면 셀러는 고마움을 느끼며 충성 셀러가 될 수 있는 확률이 다분히 높다.

당장은 판매가 안되더라도 무엇 때문에 안되는지 같이 고민하고, 판매가 잘되었을 때 함께 좋아한다면 쭉 좋은 인연이 될 것이다. 실제로 필자가 그렇다. 나랑 같이 진행했던 닭갈비 업체는 처음 통화한 이후부터 이때까지 안부를 물으며 무미건조한 업체와 셀러의 관계가 아닌 서로를 위로하고 축하하는 관계가 되었다.

셀러가 공동구매를 진행한다면 업체는 보이지 않는 곳에서 어떤 부분을 도와야 할지 알려주었다. 이 내용을 전부 실천하긴 쉽지 않다. 하지만 셀러를 지지하면서 그가 업체에 대한 충성도를 높일 수 있는 중요한 부분이기에 아직 해보지 않은 것이 있다면 하나라도 실행해봤으면 좋겠다.

셀러와 끈끈한 관계를
만드는 방법

공동구매가 끝났다고 해서 셀러와의 인연을 그대로 끝내면 안 된다. 공동구매를 진행하면서 인친들과의 소통이 원활하고 판매가 잘 되었다면 그 셀러와 인연을 쭉 이어가야 한다. 그렇다면 어떻게 셀러와 좋은 관계를 이어갈 수 있을까? 나의 경험에 비춰 보면 서로가 득이 되는 방법을 모색하고, 서로의 필요에 맞게 관계를 이어가는 것이 좋다. 이러한 관계는 셀러에게 상품이나 업체에 더욱 애정을 쏟을 수 있는 기회가 된다. 그 전략을 알려주겠다.

라이브 커머스 진행하기

먼저 셀러가 원하는 것이 무엇인지를 확실하게 파악해야 한다. 그러려면 셀러의 게시물을 잘 살펴봐야 한다. 만약 라이브 방송을 진행하는 게시물이 있다면 라이브 커머스 진행 제안을 해본다. 라이브 커머스를 진행하는 쇼호스트는 SNS처럼 팬을 어느 정도 보유하고 있어야 매출 견인이 이루어진다.

따라서 이미 인스타그램에 팬을 보유하고 있는 셀러라면 라이브 커머스에 출연하는 자체로 인친들이 어느 정도 따라올 확률이 높다. 라이브 커머스에 셀러가 출연하면 인친들은 그만큼 상품이 좋고 셀러가 그 상품을 신뢰한다고 생각한다. 그래서 인친들은 셀러를 믿고 응원하러 간다.

여기서 댓글을 달아주는 인친들이 있으면 즐겁게 라이브 커머스를 진행할 수 있다. 라이브 커머스에 댓글이 없으면 쇼호스트가 굉장히 난감하다. 하지만 같이 소통해주는 인친들이 인스타그램에서 라이브 커머스로 옮겨온 것이기 때문에 자연스럽게 대화를 이어가기가 쉽다.

또한 공동구매에 이어 라이브 커머스로 2차적인 상품 홍보가 되니 업체도 좋고, 셀러도 수익 파이프라인이 늘어서 좋다. 만약 라이브 커머스를 진행한다면 셀러에게 쇼호스트를 맡겨보자.

홍보대사 활동 권유하기

상품의 홍보대사로 임명해 활동할 수 있도록 한다. 수강생 중에
1명은 공동구매 매출이 잘 나와 나중에는 공동구매를 단독으로 진
행했고, 홍보대사로 임명되어 신제품 출시 때마다 업체가 제품을
보내줘 게시물에 홍보를 진행했었다. 물론 홍보대사 활동비도 지
급받았다. 셀러를 홍보대사로 임명하면서 업체는 셀러의 인친들
에게 좋은 제품이라는 인식을 줬고, 셀러가 사용하고 난 후 피드백
을 빠르게 받을 수 있어 상품의 포지셔닝을 정확히 할 수 있었다.
홍보대사로 활동한 셀러는 가장 먼저 사용하게 된 브랜드의 뮤즈
로서 자존감을 높이고, 공동구매 상품에 대한 포지셔닝을 도우며
스토리를 만들어갈 수 있다. 이는 공동구매를 진행할 때 공감대를
형성할 수 있는 중요한 포인트가 된다.

셀러와 제품 개발 및 리뉴얼하기

셀러와 협업해 신제품을 개발하거나 제품을 리뉴얼한다. 인친들
은 차별화된 상품을 선호한다. 그래서 누구나 판매하는 상품보다
인스타그램에서 한 번도 소개한 적 없는 브랜드나 상품을 더욱더
매력 있게 본다. 그리고 그런 상품이 어떤 상품보다도 매출이 훨씬

5장 인스타마켓을 활용하려는 소상공인을 위한 팁

높다. 예를 들어 설명하자면 셀러가 A상품을 사용한 후 어떤 효과를 봤다는 스토리를 올리면, 그때부터 인친들의 잠들어 있던 구매 욕구가 깨어나기 시작한다. 이때 좋은 상품을 소싱해왔다고 소개하면서 공동구매를 진행한다면 폭발성 있게 판매가 된다.

이렇듯 직접 소싱하는 것도 인친들에게 잠재된 구매욕구를 일으키는데 하물며 업체와 함께 더 좋은 상품으로 만들려고 연구하거나 새로운 상품을 협업해 만든다고 게시물에 노출하면 '○○님이 만드셨으니 얼마나 좋은 상품일까?' 하고 더욱더 기대감이 생길 수밖에 없지 않겠는가.

실제로 셀러와 협업해 상품을 만들어 판매하는 업체가 많다. 셀러의 입장에서는 본인이 만든 상품이라 기존 상품으로 공동구매를 진행했을 때보다 더 많은 열정을 쏟아부을 것이다. 그렇기에 업체의 입장에서는 판매량 자체가 어느 정도 보장될 수 있다.

공동구매로 좋은 인연을 맺은 셀러들과 이렇게 협업한다면 상품에, 브랜드에, 나아가 회사 전체에 도움이 될 수 있다. 또한 셀러도 업체와 협업하며 더욱더 상품과 브랜드에 자신감을 가지고, 회사의 충성 고객과 셀러로서 자존감을 얻을 수 있다. 물론 매출 견인은 덤이다. 이렇듯 서로가 비즈니스 파트너로서 앞으로의 일을 같이 도모해보는 것을 추천한다.

나는 인스타마켓으로 월급보다 많이 번다

초판 1쇄 발행 2023년 2월 22일
개정판 발행 2024년 6월 25일

지은이 권소영(해피판다)
브랜드 경이로움
출판 총괄 안대현
책임편집 김효주
편집 정은솔, 이제호
마케팅 김윤성

발행인 김의현
발행처 사이다경제
출판등록 2021년 7월 8일(제2021-000224호)
주소 서울특별시 강남구 테헤란로33길 13-3, 7층(역삼동)
홈페이지 cidermics.com
이메일 gyeongiloumbooks@gmail.com (출간 문의)
전화 02-2088-1804 **팩스** 02-2088-5813
종이 다올페이퍼 **인쇄** 재영피앤비
ISBN 979-11-92445-77-9 (13320)